カラー改訂第2版 **CD付**

日本のことを 1分間英語で 話してみる

広瀬 直子

KADOKAWA

※本書は、2014年11月に小社より刊行された『カラー改訂版　CD付　日本の
　ことを1分間英語で話してみる』を一部改訂し、増補・再編集したものです。
※書籍内に掲載の情報は、2023年4月現在のものです。

はじめに

本書は、次のような読者の皆さんに向けて書いたものです。

❶ 英語の初・中級者で、日本のことを英語で話す能力をアップさせて、外国人との会話を楽しみ、おもてなしをしたい。

❷ 日本のことという身近なテーマを使って、英会話力をアップさせたい、または学生時代に覚えた英語を思い出して、実際に使ってみたい。

「すしってどうやって作るの？」「日本人って仏教徒なの？」……。

　20数年のカナダとドイツ生活で、私は外国人から、日本に関するさまざまな質問を受け続けてきました。こういった質問があったとき、私は「待ってました」と思います。「それはね……」と英語で日本を紹介することが、とても楽しいのです。

　しかし、英語がかなり堪能な日本人でも、このような質問を受けて「うっ……（汗）」と言葉につまる人がいます。日本人の間でそんな質問をすることはまずありませんから、深く考えたことも、表現を練習したこともないからです。「ええっと、すしとは魚とご飯でできた食べ物で……」「日本には神社もあるから仏教だけじゃないなあ……」などと考えてみるものの、結局「Sushi is made of fish and rice.」（すしは魚とご飯でできています）「Yes, the Japanese are Buddhist.」（はい、日本人は仏教徒です）としか言えなかった、という状況もよくあります。これでは真実は伝わっていません。

　当たり前ですが、日本のことを英語で話すときの相手は外国人で

す。相手の知識量が自分と明らかに違う状況で話すので、日本語で考えたことを翻訳しても、あまり相手の印象に残る会話はできません。

私が日本について英語で話すことを楽しく感じるのは、仕事や学業で、一定の表現を覚える機会に恵まれてきたからです。これは私のライフワークの一環であり続けてきました。京都と大阪の英文観光情報誌の編集の仕事や、大学院での研究、講師を務めた英日翻訳のクラスを通して、「異文化をいかに英語でわかりやすく伝えるか」を考えてきました。その中で、「英語で表現すると日本のことがこんなに違って見えるんだ」と驚くこともよくありました。今もあります。

本書は私のそういった経験を踏まえ、**他文化圏の人にイメージがスムーズに伝わる表現を使い、簡潔にわかりやすくまとめています。**

外国人に「すしっていうのは、にぎりや巻物などいろいろな種類があって、ネタも魚とは限らないんだ」と話せれば、相手との距離がグンと縮まると思いませんか。仕事で外国人に接することの多い人にとっては、短く簡単に日本のことが説明できるととても便利ですし、相手への印象もアップします。

そのような状況を想定しているため、本書の英語はそのまま覚えて会話に使えるものをめざしました。**1項目、3段落を声に出して読んで、約1分間です。**辞書を引く手間をできるだけ省けるよう、中級以上の表現には説明を加え、意味を確認するための和訳を入れました。またそれぞれの項目に、**「覚えておくと国際交流でトクす**

る」キーワードと「その英語を使うとき、こんなことに気を付けよう」という趣旨のワンポイントアドバイスも盛り込みました。

　そして、英語で話す状況のイメージをつかんでいただけるよう、章ごとに、読者の皆さんが海外の人に説明しているという場面を設定しました。その中で、皆さんに「そうそう、日本ってそうだよね」「えっ！　日本のことなのに知らなかった！」など、英語で日本を見るという新しい視点をもっていただけるような、楽しい読み物となるように努めました。

　テーマは暮らしと文化に限定しています。会話にそのまま使える英語をめざしたため、中には俗語に分類されるものもありますが、**一時代的な言葉の使用はできるだけ避け、下品な言葉は一切使用していません。**

　読者の皆さんが安心して覚えることのできる英文作りを監修していただいたのは、ケートリン・グリフィスさんです。現在、トロント大学の講師として日本史を教える彼女は、小・中学校時代を日本で過ごした本物のバイリンガル。「海外の人にとって、日本のどんなことがおもしろいか」という内容面でも多くのアドバイスをいただきました。

　最後に、辛抱強くご指導いただいた編集者の平井榛花さん、現役の売れっ子通訳案内士としての経験をふまえ、貴重な知恵をお貸しいただいた千代間泉さんに心からお礼を申し上げます。

2023 年 4 月　京都にて

広瀬直子

本書の使い方

英会話力アップのための本書の効果的な使い方

❶「こんなことについて話したい」と思う項目のページを開きます。

❷各項目は、▶さわり、▶少し詳しく、▶さらに補足の３つの段落に分かれています。付属の音声で「このぐらいなら覚えられそうだ」と思う分量のネイティブ英語を聞き、意味をざっと確認します。

❸上記の部分を、本を見ながらスムーズに言えるようになるまで繰り返します。できれば、和訳を見なくても内容がわかるようになるまで繰り返します。

❹本から目を離して付属の音声の英語を聞きながら、何も見ずに英語をリピートしてみます。

❺付属の音声を一時停止し、本を見ないで英語を繰り返してみます。完璧でなくてもまったくかまいません。

「１項目、３段落覚えられたから今日はこのぐらいにしておこう」というように、**そこそこのところで止めるのも長続きさせるコツ**です。以前学んだ段落を忘れたと思ったら、**いつでも戻って繰り返し読み、復習してください**。語学に王道はありませんが、**繰り返すことが階段を一段ずつ確実に上る方法**です。

　もちろん、実際に他文化圏の人を前にしたとき、覚えたことを完璧に話せるようになる必要はありません。正しい文法で話そうとすることでタイミングを失い、表現力がダウンすることもあります。目的はコミュニケーションですから、手を使っても、足を使ってもかまいません。言いたいことが伝わればいいのです。

そして、本書を利用する際にはぜひ、**日本人の登場人物を自分自身に置き換え、楽しく外国人に説明しているところをふんだんに想像してください。**

　相手も、本書で設定した人物に限定せず、自由に飛躍して妄想してかまいません。本物の人間相手に練習するに越したことはありませんが、よほど暇な英語スピーカーを見つけるか、お金を払う場合を除いて、これは難しいでしょう。でも想像の中で話す相手を海外の好きなスターにするのはタダです。相手が本物でなくても、イメージしながら本書を利用することで、語学力アップの効率化がはかれます。

本書の表記について

★ 一部の単語にカタカナで発音表記を入れていますが、母音を発音しない場合はアルファベット表記にしています。また、アクセントのある部分を太字にしています。たとえば、talent は通常「タレント」とカタカナ表記されますが、本書の表記では【**タ**レン t】です。この「t」は「ト (to)」のように母音の「オ」を発音しないためです。

★ 声に出して読む趣旨であるため、英文内の数字はカッコ内にスペルアウトしています。

★ 固有名詞と見出し部分を除き、日本語のローマ字表記を斜体にしています。

★ ローマ字はヘボン式を基準としています。

★ ただし長母音には長音記号を付けてありません。

★ 長母音には能楽の noh を除いて、h を付けません。

★ 「ン」音は「n」で表記し、「m」で表記しません。

★ 英語は北米標準英語を基準とし、つづりは日本の教科書で用いられることの多いアメリカつづりとしました。

Contents

第 **1** 章

日本へようこそ！ まずは東京案内を
Welcome to Japan! Let me show you around Tokyo first.

第**3**章

旅館に泊まってみよう
Let's stay at a traditional inn.

第**4**章

関西を楽しもう
Let's go and enjoy Kansai.

第 **5** 章
日本の年中行事について話そう
I'll tell you about the annual events of Japan.

日本のしきたりを説明しよう
Let me explain the customs of Japan.

装丁／福田あやはな

本文デザイン／浦郷和美

カバーイラスト／両口実加

本文イラスト／ツダタバサ

DTP／ニッタプリントサービス

校正／文字工房燦光、城戸千奈津

音声協力／ELEC

声の出演／Carolyn Miller

編集／平井榛花

＜音声ダウンロードについて＞

　本書に付属している CD の内容を、次の❶または❷の方法でも聴くことができます。
　記載されている注意事項をよく読み、内容に同意いただける場合のみご利用ください。

 ❶ パソコンでダウンロードして音声を聴く方法

https://www.kadokawa.co.jp/product/322212000933/

　上記の URL へアクセスいただくと、mp3 形式の音声データをダウンロードできます。「特典音声のダウンロードはこちら」という一文をクリックしてダウンロードし、ご利用ください。

※音声は mp3 形式で保存されています。お聴きいただくには mp3 ファイルを再生できる環境が必要です。

※ダウンロードはパソコンからのみとなります。携帯電話・スマートフォンからはダウンロードできません。

※ダウンロードページへのアクセスがうまくいかない場合は、お使いのブラウザが最新であるかどうかご確認ください。また、ダウンロードする前にパソコンに十分な空き容量があることをご確認ください。

※フォルダは圧縮されています。解凍したうえでご利用ください。

※音声はパソコンでの再生を推奨します。一部のポータブルプレーヤーにはデータを転送できない場合もございます。

※なお、本サービスは予告なく終了する場合がございます。あらかじめご了承ください。

❷ スマートフォンで音声を聴く方法

abceed アプリ（無料）
Android・iPhone 対応

https://www.abceed.com/

　ご利用の場合は、QR コードまたは
URL より、スマートフォンにアプリ
をダウンロードし、本書を検索して
ください（ご使用の機種によっては、
ご利用いただけない可能性もござい
ます。あらかじめご了承ください）。

※ abceed は株式会社 Globee の商品で
　す（2023 年 4 月時点）。

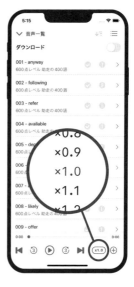

第 1 章

日本へようこそ！
まずは東京案内を

Welcome to Japan! Let me show you around Tokyo first.

　かつてカナダでのホームステイでお世話になった家庭の息子、アレックス君が日本に遊びに来たので、あなたは空港まで迎えに行き、一緒に都心へ向かいます。

　初めての日本で見る、広告や看板の日本語に、自動販売機……。What's this? How does it work? ……と、あなたはアレックス君に質問攻めにされます。

　電車に乗って都心へ到着するまでの間、東京のことや、日本の人口・地理などについて説明をします。次の日からは東京の街案内を開始。渋谷では、コスプレアイドルの映像を見て「あれは有名人なの？」と聞くアレックス君。皇居の前では皇室について、日本武道館の前では武道について、そして歌舞伎座の前を通り、質問は江戸時代から続く古典文化にまで及びます。あなたは、相撲、俳句、浮世絵、ひいては落語まで、日本の伝統文化に関する話も豊かに広げたいところです。

　この章は、「Wow!」を連発するアレックス君にバッチリ答えるためのテーマを集めました。

1 東京・江戸

Edo was the center of power of the *samurai*.

▶Tokyo is the capital and the biggest metropolitan area of Japan. Its population is about 14 (fourteen) million. It is one of the major economic centers of the world.

▶Tokyo was called "Edo" until the 19th (nineteenth) century. Edo was the center of *samurai* rule for about three centuries. This old name is still used sometimes. The people born and raised in Tokyo are sometimes called "Edokko," which means "Kids of Edo."

▶Japanese culture was not influenced much by foreign countries when the government had the isolation policy from the 17th (seventeenth) to the 19th (nineteenth) century. Unique Japanese culture such as *haiku* and *ukiyoe* developed in Edo during this period.

覚えて
おきたい 語句・表現

capital「首都」　population「人口」
major economic center「経済の中心地」　century「世紀」　rule「支配」
still「今も」　...,which means A「(…を受けて) それは A を意味する」
isolation policy「鎖国政策」　unique「独自の」
such as A and B「A や B のような」　develop「発達する、発展する」
during A「A の間」＊一定の期間内を表すのに用いる。

Tokyo / Edo

 日本語訳で確認

江戸は侍の権力の中心地でした。

▶東京は日本の首都で、最大の都市です。人口は約 1400 万人です。世界の経済の中心地のひとつです。

▶東京は 19 世紀まで「江戸」と呼ばれていました。江戸は約 3 世紀の間、武士の支配の中心地でした。江戸という古い名前は、今も時々用いられています。東京で生まれ育った人は「江戸っ子」と呼ばれることがあります。

▶ 17 世紀から 19 世紀まで鎖国政策をしいていたころ、日本の文化はあまり外国の影響を受けませんでした。この時期、江戸では俳句や浮世絵のような日本独自の文化が花開きました。

キーワード ＆ ワンポイントアドバイス

　キーワードは unique Japanese culture（日本独自の文化）。
　もちろん海外の人は、現在の巨大都市、東京に関心を寄せますが、江戸時代の文化に興味をもつ人も多くいます（北米の大学の日本関係の講義で学生に一番人気のある時代は、平安時代と江戸時代）。江戸時代、上方（かみがた、ほぼ現在の関西に当たる）から徐々に江戸に中心が移った日本文化として、元禄文化・化政文化や俳句（52 ページ）や浮世絵（54 ページ）などについても話す練習をしておくと、チャーミングな会話ができます。

2 人口

Our birthrate is going down and our society is aging.

▶The population of Japan is about 125 (one hundred twenty five) million. It is the 11th (eleventh) largest in the world. Many people live in the big cities like Tokyo or Osaka. Tokyo's population density is over 6,000 (six thousand) per square kilometer.

▶The number of old people has been going up but the birthrate has been going down. They say the national population went down in 2005 (two thousand five).

▶More men and women in their 20s (twenties) to 40s (forties) are staying single longer. More married couples are having only one child or no children at all.

覚えて おきたい　**語句・表現**

birthrate「出生率」　　age「高齢化する」
population density「人口密度」
per square kilometer「1平方キロメートルあたり」
＊per A で「A あたり」の意味。per minute「1分あたり」。
A have[has] been 〜ing「A は〜し続けている」
no A at all「まったく A がない」
＊否定形に at all を付けて「まったく〜ない」。

22

Population

 日本語訳で確認

少子化と高齢化が進んでいるんです。

▶日本の人口は約1億2,500万人です。世界で11番目に多いです。多くが東京や大阪のような大都市に住んでいます。東京の人口密度は1平方キロメートルにつき6,000人を超えています。

▶お年寄りの人口は増え続けていますが、出生率は低下しています。2005年には全国の人口が減少したと言われています。

▶多くの20代から40代の男女がより長い間独身でいます。子どもがひとりの夫婦や、子どもをもたない夫婦が増えています。

キーワード＆ワンポイントアドバイス

　キーワードは birthrate is going down（少子化が進んでいます）。

　現在の日本の人口動態を一番よく表す言葉です。「少子化が進んでいるんです」と言う場合、There are fewer children in Japan.（子どもが減っているんです）という言い方をしても十分通じます。非婚化と晩婚化は、ほかの先進国でも同じことが起こっていますので、キーワードさえ押さえておけば、少々文法的に間違いがあっても、言いたいことを相手に伝えることができます。

　birthrate は日本人には難しい発音ですが、一番の注意点は音節（言葉の音の単位）がふたつであること。「th」は「ス」、「rate」は「レイト」と最後に母音を入れないこと。本書の発音表記方式では【バー th レイ t】となります。この発音表記方式による発音のポイントは、後のページでも説明していきます。

3 地形と面積

The country has over 14,000 (fourteen thousand) islands.

▶Japan is a country of many islands. The total land area is about 380 (three hundred eighty) thousand <u>square kilometers</u>. This is close to the total land area of Germany.

▶In Japan, there are about 14,000 (fourteen thousand) islands both large and small. The main island, <u>Honshu</u>, covers about 60% (sixty percent) of the total land area. The major cities Tokyo, Osaka, and Nagoya are all in Honshu.

▶Japan is very <u>mountainous</u>. <u>Three quarters</u> of the land is covered by mountains and hills! Mount Fuji, the tallest mountain, is about 3,800 (three thousand eight hundred) meters high. Because of all the mountains, <u>the area people can live in</u> is very small.

覚えて
おきたい ▶ 語句・表現

square kilometer(s)「平方キロメートル」
Honshu「本州」＊the Main Island とも言う。
mountainous「山が多い」【マウンティナ s】
three quarters「4 分の 3、75%」【k ウォーター z】
＊one quarter は「4 分の 1」なので three quarters は「4 分の 3」=75%。
the area people can live in「人が住める地域」

Landscape and Size

 日本語訳で確認

14,000 を超える島がある国です。

▶日本は多くの島から成る国です。国土の総面積は約38万平方キロメートルです。これは、ドイツの国土総面積と近いものです。

▶日本には、大小約14,000 の島があります。一番大きな本州は全土の60%程度を占めています。主要都市である東京、大阪、名古屋はすべて本州にあります。

▶日本は大変山の多い国です。国土の約4分の3が山や丘陵で覆われているんです！ 一番高い富士山は高さ約3,800 メートルです。山が多いため、人が住める地域は大変狭いのです。

キーワード & ワンポイントアドバイス

　キーワードは mountainous（山が多い）。

　mountainous country of many islands（たくさんの島から成る山の多い国）と言えば、日本の地形をひとことで説明できます。

　日本は非常に狭いというイメージをもたれがちですが、イギリスやドイツの面積を考えると決して国土が狭いわけではないことは The national land area is not so small.（国土面積自体がそれほど小さいわけではありません）と話しましょう。本文第3段落のように、山が多くて住める場所が少ないためと説明すると、I see!（なるほど！）と返ってくるはずです。

英語で言ってみよう 🎧04

There are four character sets.

▶There are four different <u>character sets</u> in Japanese. *Hiragana, katakana, kanji,* and *romaji. Hiragana* is for sounds. *Katakana* is a <u>sister character set</u> of *hiragana* and is used to write foreign words. *Kanji* <u>are derived from</u> Chinese characters. The last one, *romaji,* uses the Roman alphabet to write Japanese.

▶*Hiragana* and *katakana* <u>each</u> have 46 (forty-six) <u>letters</u>. They are simple and <u>grade one</u> children know all of them. *Kanji* are more <u>complicated</u>. Japanese children learn about 1,000 (one thousand) of them in <u>elementary school</u>.

▶*Romaji* is not normally used to write Japanese, but you will see it used in names of products or <u>businesses</u>.

覚えて
おきたい ▶ 語句・表現

character「文字」　　character set「文字体系」
sister character set「姉妹文字」
A is[are] derived from B「A は B に由来する」
each「それぞれ」　　letter「文字」＊character とほぼ同じ意味。
grade one「小学1年生」　　complicated「複雑な」【コン p リケイテ d】
elementary school「小学校」
business「会社」【ビ z ネ s】
＊発音表記のように 2 音節で言うことで、洗練された発音になる。
＊a business、businesses【ビ z ネスィー z】のように、可算名詞として用いられる場合、「会社」を意味する。

Japanese Characters

 日本語訳で確認

４種類の文字があります。

▶日本語には４つの異なる文字体系があります。ひらがな、カタカナ、漢字、ローマ字です。ひらがなは音を表します。カタカナはひらがなの姉妹文字で、外来語を書くのに用いられます。漢字は中国の文字に由来します。最後のローマ字は、アルファベットを使って日本語を書く方法です。

▶ひらがなとカタカナはそれぞれ46文字あります。簡単な文字であり、小学校１年生ですべて知っています。漢字はもっと複雑です。日本の子どもは小学校で約1,000の漢字を習います。

▶ローマ字は通常、日本語を書くためには用いられませんが、製品名や会社名として使われているのを見かけることでしょう。

キーワード & ワンポイントアドバイス

　キーワードは four character sets（４つの文字体系）。
　かなについては Japanese alphabet（日本のアルファベット）と言ってもいいでしょう。
　「日本人は漢字をいくつ知ってるの？」というよくある質問には、Grade six students know about 1,000 (one thousand).（小学校６年生で約1,000字）と答えましょう。「中国語の漢字と同じですか？」もよく聞かれることですが、これには Some are the same but others are different.（同じものも違うものもある）と答えるといいでしょう。

英語で言ってみよう 05

The Japanese language has many levels of politeness.

▶If you have studied Japanese, you may <u>notice</u> that some people speak in a different way from <u>what you studied</u>. This is the <u>casual form</u>. Friends and family members speak to each other in this form.

▶The Japanese language has many levels of politeness. For example, there are <u>several</u> levels of politeness to say "How are you? " We change our politeness level <u>depending on who we are talking to</u>.

▷The politest level is used, for example, when company staff talk to customers. In the past, children talked to parents <u>politely</u>, but they are more casual today.

覚えて
おきたい ▶ 語句・表現

politeness「ていねいさ」　　notice「気づく」
what you studied「(あなたが) 勉強したこと」
casual form「敬語を用いないくだけた話し方」
＊俗に言うタメ語、タメ口。敬語が polite form なので、それに対するものは casual form とした。
several「いくつかの、数点の」
depending on A「A 次第で」＊A の部分には名詞 (または名詞句) が入る。
who we are talking to「私たちが話している相手」
＊正しくは whom だが、会話では who を用いるのが一般的。
politely「ていねいに」

Polite Forms

 日本語訳で確認

日本語にはたくさんのていねいレベルがあります。

▶ あなたが日本語を学んだことがあるなら、勉強したことと違う話し方をされることがあるのに気づくかもしれません。これは、敬語を用いないくだけた話し方です。友人や家族間ではこのように話します。

▶ 日本語には、ていねいさにおいて、いくつものレベルがあります。たとえば、"How are you?" を日本語にするにも数段階のていねいさがあります。話している相手次第で、ていねいさを変えるんです。

▶ 一番ていねいなレベルは、たとえば、会社員がお客に話すときなどに用いられます。かつては、子どもは親に対してていねいに話していましたが、最近はもっと気さくに話します。

キーワード & ワンポイントアドバイス

　キーワードは levels of politeness （ていねいさのレベル）。
　もちろん英語にも、Hey, what's up? （よお、どーしてんの？）から How are you today, ma'am? （奥さま、本日はいかがお過ごしでいらっしゃいますか？）まで、ていねいさに違いはありますが、日本語の「お」、「ご」、「です」、「ます」、「ございます」に直接あたるものはありません。
　互いの関係によって、微妙に言葉を使い分けることは英語でもありますが、日本語ほど顕著ではありません。

6 自動販売機

You can buy anything, anytime, anywhere.

▶Japan is a country with many vending machines. <u>The most common</u> vending machines are for <u>beverages</u> such as coffee, tea, fruit juices, and soft drinks.

▶You can also buy <u>various</u> items such as hot meals, frozen foods, and even fresh vegetables <u>in addition</u> to toiletries or batteries.

▶If you look <u>carefully</u>, you will find drinks <u>and</u> foods <u>that are only available in</u> that region or during a specific season. You may also find items that feature popular anime characters. Many machines <u>allow you to</u> use a transit card and smartphone <u>apps</u> to buy products.

覚えて
おきたい ▶ 語句・表現

the most common「最も多い、最も一般的な」
beverage「飲料」　　various「さまざまな」【ヴェリア s】
in addition to A「A に加えて」　　carefully「注意深く」
A and B that are only available in C「C だけで買うことができる A と B」
A allow you to [v]「A では、[v] ができる」＊[v] は動詞のこと。
app「アプリ」【ア p】

Vending Machines

 日本語訳で確認

いつでもどこでも何でも買うことができます。

▶日本には数多くの自動販売機があります。最も一般的な自動販売機は、コーヒー、お茶、フルーツジュース、ソフトドリンクといった飲料を売るものです。

▶さらに、化粧品や電池に加えて、温かい食べ物や冷凍食品、生野菜まで、さまざまな品を買うことができます。

▶注意深く見ると、ご当地限定または季節限定で買うことができる飲み物や食べ物があります。さらには、人気のアニメキャラクターの絵がついている品物も見つかるかもしれません。多くの自動販売機では、交通カードやスマートフォンのアプリを使って商品を買うことができます。

キーワード ＆ ワンポイントアドバイス

キーワードは various items（さまざまな品）。

何でも自動販売機から買えることが、他文化圏の人の目には珍しく映ります。

日本語の「ジュース」には果汁のほかコーラのような炭酸飲料も含まれますが、英語では果汁が（fruit）juice で、「炭酸飲料」は soft drink か pop と言います。

英語で言ってみよう 🎧07

Two to three thousand people cross here on a green light.

▶Shibuya Scramble Crossing is often compared to Times Square in New York and Piccadilly Circus in London.

▶Vehicles are stopped from all directions to allow a few thousand people to walk across during a green light. Visitors to Japan are often surprised to see so many people move in an orderly manner without bumping into each other.

▶One of the famous train exits at Shibuya is the JR line Hachiko Exit. It is named after a famous story about a loyal dog, Hachi. There is a statue of that dog here and many people use it as a meeting location. There is even a Hollywood movie based on Hachi.

 語句・表現

scramble「スクランブル」【sk ランバ l】　　crossing「交差点」
A is compared to B「A は B と比べられる」
to allow A to [v]「A に [v] をさせる」＊[v] は動詞。
orderly「秩序のある」　　bump into A「A にぶつかる」
loyal「忠実な」＊royal（王室の）との区別に注意。

Shibuya Scramble Crossing

 日本語訳で確認

一度の青信号で 2 〜 3,000 人が行き交います。

▶渋谷のスクランブル交差点はしばしば、ニューヨークのタイムズ・スクウェアやロンドンのピカデリー・サーカスと比べられます。

▶すべての方向からの車両を停め、一度の青信号で 2 〜 3,000 人が行き交います。日本への訪問者が驚くのは、これだけ多くの人がぶつからずにある種の秩序を保って歩いていることです。

▶渋谷駅の有名な出口のひとつに、JR 渋谷駅の「ハチ公口」があります。忠犬ハチ公の有名なストーリーからそう名付けられています。ハチ公の像があり、多くの人が待ち合わせ場所として使っています。ハチ公のストーリーに基づいたハリウッド映画さえあるんですよ。

キーワード & ワンポイントアドバイス

キーワードは compared to Times Square in New York （ニューヨークのタイムズ・スクウェアと比べられる）。手早く説明するには、相手がイメージしやすい比較対象をもってくると便利です。

できれば、scramble の発音に注意。日本語人（日本語話者）には発音が困難なので、音声を実際に聴いて何度もリピート練習しておきましょう。【skラン／バl】と、ふたつの音節で発音します。そして、ひとつひとつの音節は一気に発音します。

8 オタク

Japan **boasts** world-class *otaku* culture.

▶The English translation of *otaku* would be "geek" or "nerd." It is true that Japan's well-known *otaku* culture was for geeks and nerds in the past. However, increased time spent at home during the COVID-19 pandemic helped the spread of *otaku* culture to the general public.

▶Today, *otaku* are not just collectors of anime figures or people who are hooked on games and computers. Casual fans of various topics also call themselves *otaku*.

▶With the spread of *otaku* culture, people enjoy things like anime, *manga*, and social media more casually than before. I hope you enjoy the great *otaku* culture of Japan, too!

 語句・表現

boast「誇る、自慢する」
geek、nerd「オタク」＊右欄参照。
spread「普及」【sp レ d】　　general public「一般の人々」
A who is[are] hooked on B「B にハマっている A」
social media「SNS」＊英語圏では「SNS」は使わない。

Otaku

 日本語訳で確認

世界に誇れるオタクカルチャーがあります。

▶ オタクを英訳すると geek、nerd などです。確かに、よく知られる日本のオタクカルチャーはかつて、ギークやナードのものでした。しかし、新型コロナウイルス感染拡大による在宅時間の増加が、オタクカルチャーの一般への普及に一役買いました。

▶ 現在、オタクは、アニメフィギュアを収集する人やゲームやコンピューターにハマっている人だけではなくなりました。さまざまなトピックの気軽なファンも自分自身をオタクと称するようになりました。

▶ オタクカルチャーの普及により、人々はアニメ、マンガ、SNS などを以前よりも気軽に楽しんでいます。あなたも、日本の素晴らしいオタクカルチャーを楽しんでくださいね！

キーワード & ワンポイントアドバイス

　キーワードは the spread of *otaku* culture （オタクカルチャーの普及）。英語の「オタク」ですが、geek には知的で頭がよすぎる変人、nerd にはコンピューターなどに強くて、独特の風貌（やせている、レンズの厚いメガネなど）の人、というニュアンスがあります。しかし、これらは一種の侮蔑語なので、You're a geek! などとは、よほど親しい人との間での冗談でもない限り口にしません。

The word is derived from "idol."

▶The Japanese word *"aidoru"* is derived from the English word "idol," but it is not used in <u>religious</u> ways. It is mainly used for famous young artists who sing, dance, act, and host shows. Their ages range from teens to 40s (forties).

▶Many *aidoru* belong to J-POP boy or girl bands. J-POP <u>refers to</u> Japanese pop music. This word is often used <u>in comparison with</u> K-POP (Korean pop music). Both J-POP and K-POP are popular in Japan and many artists have <u>passionate</u> followers.

▶The word *aidoru* has a <u>broad</u> meaning. There are even famous people called "cosplay idols."

 語句・表現

religious「宗教的な」【リリジャ s】
＊最初の音節が [r]、次が [l] です。音声を聞いて繰り返し練習しましょう。
A refer(s) to B「A は B のことを指す」
in comparison with A「A との対比で」
passionate「情熱的な」【パシャナ t】　　broad「幅広い」

Aidoru

 日本語訳で確認

語源は英語の idol です。

▶日本語の「アイドル」は、英語の idol に由来しますが、宗教的な意味では使いません。歌って踊って演技をして、番組の司会も務める若いアーティストを主に意味します。年齢は10代から40代までにわたります。

▶多くのアイドルは、J-POP の男性グループまたは女性グループに属しています。J-POP とはジャパニーズ・ポップ・ミュージックのことで、しばしば、K-POP（コリアン・ポップ・ミュージック）と対比して用いられます。J-POP も K-POP も日本で人気があり、熱狂的なファンをもつアーティストが多くいます。

▶「アイドル」という言葉は意味が広く、「コスプレアイドル」のような有名人も存在します。

キーワード ＆ ワンポイントアドバイス

　キーワードは boy bands または girl bands（男性グループ、女性グループ）。ジャニーズのグループや、韓国の BTS は boy band と呼ぶことができます。英語の idol には、「アイドル」の意味もありますが、本来は宗教の「偶像」という意味であり、今もその意味で使われますので、artist を使ったほうが伝わりやすいでしょう（38ページ「推し活」、40ページ「コスプレイヤー」参照）。

10 推し活

It is a popular <u>pastime</u> for people in Japan.

▶*Oshikatsu* has recently become a popular pastime among people of all ages in Japan. The word *oshi* means to "push for" and *katsu* means "activities." People who <u>engage in</u> *oshikatsu* <u>participate</u> in fan activities for their favorite artists.

▶*Oshikatsu* fans will not only buy their music and go to concerts. They will also engage in <u>voting</u> and <u>public relations</u> activities to <u>promote</u> their favorite artist or group.

▶Some *oshikatsu* fans are even more passionate. For example, around the birthday of their favorite artist, they will purchase advertisement time on billboards or train stations with birthday wishes for their artist. Fans also <u>rent out</u> cafés to <u>celebrate</u> the birthday with other fans.

語句・表現

pastime「趣味」【パ s タイ m】
A engage in B「A は B に取り組んでいる」
participate「参加する」【パァティサペイ t】
voting「投票」　　public relations/PR「広報」
promote「宣伝する、促進する」　　rent out「貸し切る」
celebrate「祝う」【サレ b レ t】

Active and Passionate Fan Activities

 日本語訳で確認

日本の人々に人気のある趣味です。

▶最近、「推し活」が日本のあらゆる年代の人々の趣味として人気があります。「推し」を英語にすると push for、「活」は activities です。推し活をする人は、お気に入りのアーティストのファン活動に参加します。

▶推し活をするファンは楽曲を購入したり、コンサートに行ったりするだけではありません。お気に入りのアーティストやグループを宣伝するために、投票したり PR 活動をしたりします。

▶さらに情熱的な推し活をする人もいます。たとえば、アーティストの誕生日の前後に屋外広告や電車の駅の広告枠を購入して、お祝いメッセージを発信します。また、カフェを貸し切って、ほかのファンと一緒にアーティストの誕生日を祝ったりもします。

キーワード & ワンポイントアドバイス

　キーワードは passionate（情熱的な）。映像を見たり音楽を聴いたりする以上のファン活動をすることをこのように形容しましょう。また、「聖地」holy place や「巡礼」pilgrimage という言葉は、日本を出ると、本当に宗教的な意味合いでしか使われないことが多いです。気軽に使うことはおすすめしません。（180 ページ「ご朱印帳」参照）。
　「私は Snow Man の推し活をしています」「私は Snow Man オタクです」は、I'm a (big) fan of Snow Man. になります（36 ページ「アイドル」参照）。

英語で言ってみよう　🎧 11

They are professional dress-up artists.

▶The word "cosplay" is an abbreviation of "costume" and "play." This word is "Japanglish" or an English-like word made in Japan.

▶Cosplay is an activity to dress up as an anime or game character. People wear costumes and mimic the makeup and hair of that character.

▶There are professional cosplayers called "*kosupure aidoru*", which is the Japanese reading of "cosplay idols". They are mostly young models who dress up as a fictional anime or game character. Many have become extremely popular and have a large fan base from children to middle-aged people.

覚えて
おきたい　語句・表現

artist「アーティスト、名人」＊英語の artist には「名人」の意味もある。
abbreviation「略語」【アｂリヴィエイシャン】
mimic「まねる」　　mostly「ほとんどが」
fictional「フィクションの」＊fiction の形容詞。
extremely「ものすごく」　　from A to B「A から B まで」
middle-aged people「中年の人」

Cosplay Artists

 日本語訳で確認

扮装の名人です。

▶「コスプレ」という単語は、costume と play の略語です。これは「ジャパングリッシュ」、つまり、日本で作られた和製英語です。

▶コスプレとは、アニメやゲームのキャラクターに扮することです。そのキャラクターのコスチュームを着てメイクや髪をまねます。

▶「コスプレアイドル」と呼ばれる、プロのコスプレイヤーがいます。ほとんどが、フィクションのアニメやゲームのキャラクターに扮する若いモデルです。多くのコスプレアイドルが大人気を博し、子供から中年の人まで幅広いファン層に支持されています。

キーワード & ワンポイントアドバイス

　キーワードは Japanglish（和製英語）。正式な英単語ではない、いわゆる俗語ですが（2023 年 4 月時点、オックスフォード英英辞典＊への掲載はなし）日英のバイリンガルの人たちの間では、ひんぱんに登場する単語です。日本人の英語を軽蔑するニュアンスがなきにしもあらずですが、私たち日本人が Japanglish という単語を使う分には問題ありません。

　また、コスプレは和製英語が逆輸入され、英語化した表現のひとつであり、特に若い人には、cosplay、cosplayer が伝わります。

＊iOS application of the Oxford Dictionary of English, Second Edition, Revised. April 13, 2023

12 マスク

Even before the COVID-19 pandemic, many people wore masks.

▶In Japan, you may see more people wearing masks in public than in your own country. Even before the pandemic, many Japanese people wore masks.

▶For many years, people of all ages would wear a mask when they had a cold to <u>prevent</u> the <u>spread</u> of <u>viruses</u> and <u>germs</u> to others. Masks are also very common during the <u>allergy</u> season between February and April. They are used to prevent <u>breathing in</u> <u>pollen</u>.

▶People in many countries seem to dislike wearing masks. But in Japan, the use of masks has long been a custom, not just for doctors. It <u>is considered</u> <u>polite</u> to wear a mask if you have a cold.

覚えて
おきたい ▶ 語句・表現

prevent「予防する」　　spread「広がり」　　virus「ウイルス」【ヴァイラス】
germ「菌」　　allergy「アレルギー」【アラジー】
breathe in「吸い込む」　　pollen「花粉」【ポラン】
A is considered [adj]「A は [adj] だと考えられている」 ＊[adj] は形容詞。
polite「礼儀正しい」【パライt】

Masks

 日本語訳で確認

コロナ禍前も多くの人が使っていました。

▶日本の公共の場では、ご出身の国よりも多くの人がマスクをしているのを見かけるかもしれません。コロナ禍前であっても、日本人の多くがマスクを着けていました。

▶長い間、あらゆる年齢層の人は、風邪をひいているときにマスクを着けていました。これは、ウイルスや菌がほかの人に広がらないようにするためです。2〜4月の花粉症の季節にもマスク着用はとても一般的で、これは花粉を吸い込まないようにするためです。

▶多くの国の人々が、マスク着用を嫌っているようです。しかし、日本ではマスク着用は長い間の習慣で、医者のためだけにあるのではありません。風邪をひいているときには、マスクを着用することが礼儀正しいとされています。

キーワード & ワンポイントアドバイス

キーワードは、It is considered polite to wear a mask if you have a cold.（風邪をひいているときには、マスクを着用することが礼儀正しいとされています）。欧米ではコロナ禍前、手術中の外科医などをのぞき、マスクを着ける人はいませんでした。マスクを着けていると、怪しい人だと思われたからです。コロナ禍で着用を要求されたときには、一部で激しい反対運動が起きたほどです。特に、欧米の方に日本を案内するときには、「マスクはお嫌いかもしれませんね」You may be uncomfortable with wearing a mask. と理解を示す気遣いがあるといいでしょう。

英語で言ってみよう 🎧13

The Emperor is the symbol of the country.

▶Japanese <u>mythology</u> says that the Imperial Family <u>is</u> directly <u>related to</u> Amaterasu, the sun goddess of Japan. The Emperor and the Imperial Family are a symbol of Japan. They have many <u>official duties</u>, but no <u>political</u> power.

▶The <u>current</u> Japanese Emperor Naruhito lives in the Imperial Palace in central Tokyo. He lives there with his wife Empress Masako, and their daughter Princess Aiko. There is also the family of <u>Crown Prince</u> Akishino, the younger brother of Emperor Naruhito, his wife Princess Kiko, and their children.

▶The current Emperor's parents, <u>Emperor Emeritus</u> and <u>Empress Emerita</u>, have retired from official duties.

覚えて
おきたい　**語句・表現**

mythology「(集合的な意味で) 神話」＊神話のひとつひとつは myth。
A is related to B「A は B と (血縁) 関係がある」
official duties「公務」　　**political**「政治的な」
current「現在の」　**Crown Prince**「皇位継承第1位の皇子」
Emperor Emeritus「上皇」
＊Emeritus は、Professor Emeritus (名誉教授) などの称号にも使われる。
Empress Emerita「上皇后」＊Emerita は Emeritus の女性形

The Imperial Family

 日本語訳で確認

天皇は国の象徴です。

▶ 神話によると、皇族は天照大神の直接の子孫だと言われます。天皇と皇族は日本の象徴です。多数のご公務がありますが、政治的な権力はありません。

▶ 今上天皇徳仁は、東京の中心部にある皇居に住んでいます。そこには、天皇、雅子皇后、その娘の愛子内親王が住んでいます。また、天皇の弟である秋篠宮皇嗣と、紀子妃と子どもたちの家族がいます。

▶ 天皇のご両親である上皇と上皇后は、ご公務から引退しました。

キーワード & ワンポイントアドバイス

キーワードは Imperial Family（皇室、皇族）。

ヨーロッパの王室には royal family という言葉が使われます。

天皇は Emperor、皇后は Empress、そのほか皇族方はいずれも、〈Prince ＋名前〉、〈Princess ＋名前〉で英語表記されます。英国王室では、King Charles、Crown Prince William という呼び方のほかに、King of England、Prince of Wales など、地名とともに呼ばれることもあります。

14 武士

 英語で言ってみよう 🎧 14

The Japanese knights.

▶*Samurai* means Japanese <u>warriors</u>. The *samurai* were given a <u>special status</u> between the 12th (twelfth) and 19th (nineteenth) centuries. They were like today's <u>politicians</u>, <u>military</u>, and police, <u>all combined</u>. You could call them "Japanese knights."

▶*Bushido* was a system of <u>thinking and behavior</u> for the *samurai*. It is translated as "the way of the *samurai*." It teaches <u>martial arts</u> and <u>mental discipline</u>. You can <u>compare</u> it <u>to</u> the <u>knighthood</u> of the West.

▶The *samurai* were given the highest status in the class system of the Edo period between the 17th (seventeenth) and 19th (nineteenth) centuries. They <u>were allowed to have surnames</u> and swords.

覚えて
おきたい ▶ 語句・表現

warrior「武士、戦士」　special status「特別な地位」
politician「政治家」　military「軍隊」
all combined「すべてを組み合わせた」＊ここでは、前の文を修飾する。
thinking and behavior「考え方とふるまい」　martial arts「武術」
mental discipline「精神規律、精神鍛錬」
compare A to B「AとBを比較する」　knighthood「騎士道」
A is[are] allowed to have B「AはBをもつことが許可されている」
surname「名字」

Samurai

 日本語訳で確認

日本版の騎士です。

▶「侍」とは日本の武士のことです。彼らは12世紀から19世紀の間、特別な地位を与えられていました。現在の政治家、軍隊、警察をすべて組み合わせたようなものでした。「日本の騎士」と呼ぶこともできるでしょう。

▶「武士道」は、武士の考え方とふるまいを体系化したものでした。翻訳すると、"the way of the *samurai*" となります。武術のほか、精神上の規律も教えます。西洋の騎士道と比較することができます。

▶ 侍は17世紀から19世紀の江戸時代には、身分制度の中で一番高い地位を与えられました。彼らには名字、帯刀が許されました。

Samurai

キーワード & ワンポイントアドバイス

　キーワードは Japanese knights（日本の騎士）。

　もちろん違いはありますが、戦術をもつこと、警察や軍隊にあたる役割と特別な階級を与えられたこと、精神論である規範体系をもっていたことは同じですので、このように話すとわかりやすく説明できます。

　加えて、While knighthood was influenced by Christianity, *bushido* was influenced by Confucianism.（騎士道にはキリスト教、武士道には儒教の影響があった）と言えば、より知的に伝えられるでしょう。

英語で言ってみよう 🎧 15

There are nine *budo* categories.

▶The Japanese word for martial arts is *budo*, and its translation is "the way of combat." The philosophy of *budo* is to train people in combat and defense skills and to teach self-discipline and respect.

▶There are nine *budo* categories in Japan. For example, there are *sumo*, *kendo*, *karate*, *aikido*, *judo*, and *kyudo*. Of these, *judo* and *karate* have been Olympic sports.

▶Some *budo* categories use weapons: *Kendo*, which uses bamboo swords, is something like fencing; *Kyudo*, which uses a bow and arrows, can be considered as a Japanese-style archery.

 語句・表現

category「種類」　combat「戦い」
philosophy「理念、哲学」
self-discipline「自己鍛錬」【セ lf・ディサ p リン】
Olympic【オリンピ k】　＊アクセントの位置に注意。
A can be considered as B「A は B だと考えることもできる」

Japanese Martial Arts

 日本語訳で確認

武道の種類は9つあります。

▶ Martial arts の日本語は「武道」です。それを翻訳すると「武の道」となります。武道の理念は、武術と護身術の訓練を与え、自己鍛錬と敬意を教えることです。

▶日本で成立した武道は、相撲、剣道、空手道、合気道、柔道、弓道など全部で9つあります。このうち、柔道と空手道はオリンピックの競技でした。

▶武道には武器を使う種類もあります。剣道は竹刀を使うのでフェンシングに近いとも言えますし、弓矢を使う弓道は日本式のアーチェリーのように考えることもできます。

キーワード & ワンポイントアドバイス

　キーワードは There are nine *budo* categories. (9つの種類があります)。
　中国武術との違いはよく聞かれる質問ですが、It's difficult to answer that because they have been influencing each other for a very long time. (とても長い間、互いに影響を与え合ってきたので、答えるのは難しいです) と言うしかない場合も多いです。武道に限らず、中国、韓国との違いはよく聞かれることですが、簡単な答えがなかったり、諸説があったりするので、このセンテンスを覚えておくと何かと便利です。

16 相撲

 英語で言ってみよう 🎧 16

It's the national sport of Japan.

▶ *Sumo* is a match between two *sumo* wrestlers. It is the national sport of Japan. The present style of *sumo* wrestling started about 300 (three hundred) years ago.

▶ A wrestler wins when he drives his opponent out of the ring or when a part of the opponent's body touches the ground. Because of the sport's long history, there are many formalities before and after a match.

▶ Professional *sumo* is a very popular sport to watch. There are six annual tournaments held at different cities. These tournaments are broadcast nationwide. Strong wrestlers are given special ranks. The highest rank is *yokozuna*. There are some non-Japanese who became *yokozuna*.

覚えて おきたい ▶ 語句・表現

national sport「国技」　　*sumo* wrestler「力士」
present style「現在の様式」　　drive(s) A out of B「A を B から追い出す」
opponent「対戦相手」　　formalities「儀式」＊形式的な一連の動作。
annual「年間の、年中の」　　tournament「競技会」＊ここでは「本場所」。
broadcast nationwide「全国放送する」

Sumo Wrestling

 日本語訳で確認

日本の国技です。

▶相撲はふたりの力士の間の格闘技です。日本の国技です。今の相撲の様式の起源は約300年前にさかのぼります。

▶相手力士を土俵から出すか、相手力士の体の一部が地面につくと、勝利です。相撲の歴史は長いため、取組の前後に数々の儀式があります。

▶プロの相撲観戦はとても人気があります。異なる町で1年に六度、本場所が行われます。本場所は全国放送されます。強い力士には特別なランクが与えられます。最高ランクは横綱です。海外出身で横綱になった人もいます。

キーワード ＆ ワンポイントアドバイス

　キーワードは many formalities（数々の儀式）。
　西洋のスポーツの試合でも国歌斉唱などはありますが、海外のスポーツ全般に比べると相撲には儀式が多いようです。この「エキゾチック」なスポーツには海外でも一定のファンがいて、インターネットには *Sumo* Forum などもあるようです。
　土俵を ring と呼ぶと、英語圏の人はボクシングのリングをイメージするでしょうが、これに関しては、The *sumo* ring has sand on the ground and has a special roof.（土俵上は砂地で、特別な屋根があります）と言うといいでしょう。

17 俳句

It's the world's shortest form of poetry.

▶ *Haiku* is a traditional poetic form of Japan. It is said to be the world's shortest form of poetry. A *haiku* has only 17 (seventeen) syllables. The sounds are arranged in a rhythm of five, seven, and five. This grouping is pleasant to the Japanese ear.

▶ A formal *haiku* must have a seasonal word. For example, the word *sakura*, or cherry blossom, is often used as the seasonal word for spring. It is important for a *haiku* poet to create a nice image of a season.

▶ In the 19th (nineteenth) and 20th (twentieth) centuries, *haiku* influenced poets in the West, such as Yeats and Eliot. Haiku can be made in English just for fun.

 語句・表現

poetic form「詩の形態」
A is said to be B「A は B だと言われている」 ＊B の部分には形容詞または名詞が入る。
syllable「音節」【スィラ bl】
A is[are] arranged in B「A は B（のよう）に並べられている」
grouping > group「まとめる、グループ分けする」　　pleasant「快い、感じよい」
seasonal word「季語」　　influence「影響する」

52

Haiku

 日本語訳で確認

世界で一番短い詩です。

▶俳句は日本の伝統的な詩の一形態です。世界で一番短い詩だと言われています。ひとつの俳句には 17 音しかありません。5、7、5のリズムで音を並べます。このまとめ方は日本人の耳に快い音なのです。

▶正式な俳句には季語が必要です。たとえば、「桜」という言葉は、春の季語としてしばしば用いられます。季節のイメージをうまく作ることは、俳人にとって大切なことです。

▶俳句は 19 世紀と 20 世紀にイエーツやエリオットのような、西洋の詩人に影響を及ぼしました。英語の俳句づくりも楽しめます。

キーワード & ワンポイントアドバイス

　キーワードは syllable（音節）。

　上級の単語ですが、日本語のかなはひとつの文字がひとつの音節を成しているため、日本語の性質を説明するときに使える言葉です。

　haiku は、海外でも国語の授業に取り入れているところがあり、そのまま *haiku* と言っても理解してもらえる場合があります。英語では、1 文字にひとつの音節が対応するわけではありませんが、音節自体はあるため、音節の少ない単語を使って俳句を作ることもできるのです。

　古池や　O the ancient pond

　かわず飛び込む　Into it a frog leaps

　水の音　The water's sound

（松尾芭蕉の俳句の試訳。音節が 5、7、5 に近くなっています）

18　浮世絵

It influenced the Impressionists.

▶The art of *ukiyoe* woodblock prints became very popular in the 17th (seventeenth) and 18th (eighteenth) centuries in Kansai and Tokyo. When people in the West think of traditional Japanese art, most think of *ukiyoe*.

▶Most *ukiyoe* are pictures of people and things from the "world of entertainment and pleasure." Landscape pictures are also famous. You've probably seen some of the pictures of Mount Fuji by Hokusai Katsushika. He made 36 (thirty-six) different scenes of Mount Fuji.

▶The *ukiyoe* style is often non-realistic. This is different from the realistic style of Western paintings. This non-realistic style of *ukiyoe* influenced the Impressionists such as Van Gogh and Monet in the 19th (nineteenth) century.

覚えて おきたい　語句・表現

influence「影響する」　　Impressionists「印象派」＊モネやゴッホなど。
woodblock print「木版画」
entertainment and pleasure「娯楽と風俗」
landscape「風景」
you've probably seen A「Aを見たことがあるでしょう」
＊ probably は、maybe や perhaps より確信が強いときに使う。
non-realistic「非写実的な」
realistic「写実的な」＊「現実的な」という意味だが、美術用語では「写実的な」。

Ukiyoe Woodblock Prints

 日本語訳で確認

印象派に影響を与えました。

▶ 浮世絵木版画の芸術は、17世紀から18世紀にかけて上方と江戸で花開きました。今日西洋で日本の伝統的絵画と言えば、ほとんどの人が浮世絵を思い浮かべます。

▶ 浮世絵のほとんどが、「娯楽や風俗の世界」の人やものです。風景画もまた有名です。葛飾北斎による富士山の絵を見たことがあるでしょう。彼は、富士山の36の異なる風景を作品にしました。

▶ 浮世絵の画法は往々にして非写実的です。これは西洋の写実画とは異なります。この写実的でない画法は19世紀、ゴッホやモネなどの印象派に影響を与えました。

キーワード & ワンポイントアドバイス

キーワードは *Ukiyoe* influenced the Impressionists.（浮世絵は印象派に影響を与えました）。

印象派の作品は西洋でも人気で、カードのデザインなどにしばしば用いられているほか、レプリカを買い求める人もたくさんいます。印象派スタイルのルーツと言える浮世絵も、展覧会がよく開催されて人気を博しています。

浮世絵は、油絵や水彩画と違いレプリカが安価で、海外の人へのお土産やプレゼントに喜ばれます。

英語で言ってみよう 🎧 19

It's a colorful, dynamic theater.

▶ *Kabuki* is a form of classical Japanese theater. It is a spectacle of action, song, and dance. It uses many tricks such as a revolving stage and a trapdoor. Overall, it is more colorful and more dynamic than *noh* or *bunraku*.

▶ *Kabuki* became popular entertainment for the masses from the 17th (seventeenth) to the 18th (eighteenth) century. It is still very popular. In Tokyo's Kabuki Theater, shows are performed throughout the year.

▶ The actors are all male. Female characters are played by men. The actors wear very colorful costumes and heavy makeup. You may have seen portraits of *kabuki* actors in some of the famous *ukiyoe* works.

覚えて
おきたい 語句・表現

spectacle「スペクタクル、見世物」　　revolving stage「回り舞台」
trapdoor「せり、床や屋根の引き戸、はね上げ戸」　　overall「全体的に」
for the masses「庶民のための」　　throughout the year「1年を通して」
you may have seen A「Aを見たことがあるかもしれませんね」　　portrait「肖像」

Kabuki Theater

 日本語訳で確認

派手でダイナミックな舞台です。

▶歌舞伎は日本の古典舞台です。演技、歌、舞踊のスペクタクルです。回り舞台やせりなどさまざまなトリックを用います。全体的に、能や文楽よりも派手でダイナミックです。

▶歌舞伎は17世紀から18世紀、庶民のエンターテインメントとして人気を博しました。今でも大変人気があります。東京の歌舞伎座では年間を通して歌舞伎の公演が行われています。

▶歌舞伎役者は皆男性です。女性の役も男性役者が演じます。役者は大変派手な衣装に身を包み、濃い化粧をしています。有名な浮世絵作品で歌舞伎役者の肖像を見たことがあるかもしれませんね。

キーワード＆ワンポイントアドバイス

キーワードは colorful と dynamic（派手、ダイナミック）。

能や文楽に比べて、エンターテインメント要素の強い舞台であることをこのように伝えます。

昨今の古典舞台では多くの場合、英語の説明書きが用意されていますが、歌舞伎は特に海外の人に「親しみやすい」「わかりやすい」と喜ばれることが多いようです。筋書きを予習して伝え、連れて行くといいでしょう。

132ページの「能と狂言」、134ページの「文楽」も参照。

20 落語

It's the art of comical storytelling.

▶ *Rakugo* is a one-person comedy show. It is a classical form of storytelling and is still very popular. The storyteller wears a *kimono* and sits on a cushion on stage. He plays many people in conversation. To do each role, he changes his voice and the direction of his face.

▶ The storytellers also mimic movements in a skillful and funny way. A fan and a towel are the only props they use. Wordplay is part of the fun.

▶ This art of storytelling started three to four centuries ago. There are special *rakugo* theaters called *yose*. There, you can see shows throughout the year.

覚えて
おきたい 語句・表現

strorytelling「語り」＊「噺」の英訳として使う。
classical form of「古典的な」　　storyteller「落語家」
mimic「まねる」＊類語に imitate「模倣する」。 mimic は、おもしろおかしくまねるイメージ。
skillful「上手な、巧妙な」　　prop「小道具」　　wordplay「言葉遊び」
throughout the year「年間を通して」

Rakugo Comical Storytelling

 日本語訳で確認

コミカルな話芸なんです。

▶落語はひとりで演じるコメディーショーです。古典的な語りであり今も大変人気があります。落語家は着物を着て舞台に置かれたざぶとんに座ります。複数の人間の会話を演じます。それぞれの役をするため、声や顔の向きを変えます。

▶落語家はまた、巧妙かつ滑稽に動作をまねます。彼らの使う小道具は扇子と手ぬぐいだけです。言葉遊びもおもしろみのひとつです。

▶この話芸の起源は、3、4世紀前にさかのぼります。寄席と呼ばれる落語のための特別な舞台があります。そこでは年間を通して落語を見ることができます。

キーワード & ワンポイントアドバイス

キーワードは art of storytelling（話芸）。

落語の話芸は、海外の文学者に研究されるなど、アートとして尊敬されています。

英語圏で、コメディアンが通常ひとりで舞台に立ってトークで笑わせる形式のものを stand-up comedy（スタンドアップコメディー）と呼びます。この表現をそのまま使って、落語を sit-down comedy（シットダウンコメディー）と訳すこともできるでしょう。

136 ページの「漫才」も参照。

| Column |

英語の若者言葉

　日本と同様、英語圏でも世代によって話し方は異なり、若い人に特徴的な英語があります。

　筆者は4年前までカナダのトロントに住んでいて、周囲には英語のネイティブスピーカーの若者もいました。なので、当時は英語の若者言葉がある程度わかったのですが、日本に戻ってから4年間でかなりわからなくなりました。若者言葉は、辞書に載っているような言葉に比べて（若者の身体と同様に）新陳代謝がよく、たったの4年間でも古くなるものが多いのです。

　日本語の例で言えば、私は「KY（空気読めない）」が若者言葉だと最近まで思っていたのですが、「それはもう古いんだよ」と、働いている大学の学生さんに教えてもらいました。

　英語の若者言葉に疎くなった私。そこで、この本の執筆に力を貸してくださったケートリン・グリフィスさんに聞いてみました。彼女はトロント在住で、娘のソフィさんがもうすぐ大学生という年齢だからです。

　日本の若者言葉と共通していることですが、略語をひんぱんに使用する傾向は今も続いているようです。大人も影響されて略語をよく使うようになっていますが、特に若者の間では、やはりソーシャルメディアの影響が強いようです。

　また、略語のアルファベット読みも広がっているのだそうです。例えば、OMG は Oh, My God の頭文字ですが、実際に話すときにも「オーエム ジー」と言うのだとか。IRL（アイ アァ エウ）と言うと、In Real Life のことで、これは、「（オンラインと対比して）実際の生活で」という意味の日本語の「リアルに」にあたります。

　しかし、オンライン文化の多様化により、どのプラットフォームをフォローしているかによって、使う言葉は個々人で異なるのだとか。これは日本語でも同じでしょうね。

第 2 章

自宅に招待しよう

Please come over to my house.

　このたび、あなたの家庭では日本のホストファミリーとして海外の人を受け入れることになりました。やってきたのは、イギリス人の高校生ジェシカさん。

　初日、トイレの中からジェシカさんの悲鳴が！　Are you okay?　と聞いてみると、Your toilet flushes upward!（トイレの水が上を向いて流れてる！）。そう、彼女はトイレの水を流す代わりに、おしり洗浄ボタンを押してしまったのです。

　日本人にとっては当たり前のことでも、海外の人にとっては当たり前でない場合があることをうっかり忘れてしまうときがあります。ちゃんと説明することが大切です。

　この章では、世界から日本の家庭を訪問する人がジェシカさんの二の舞にならないためのトイレの使い方のほか、お父さんの好きな居酒屋、お母さんの好きなカラオケ、家族の使っているコンビニやラーメン店、息子の受験、娘の好きなマンガやアニメなど、家族の時間の過ごし方を説明する英語力のアップをめざします。

英語で言ってみよう 🎧 21

We value the spirit of hospitality.

▶When you go to shops or restaurants in Japan, the staff bow very politely to you. Because of this kind of behavior, the Japanese people are often said to be "polite." This quality is probably rooted in the spirit of *omotenashi* — a Japanese type of hospitality.

▶Shop and restaurant staff and company salespeople receive training to put their customers first. For example, when cashiers give you change for your cash payment, they will hand you the paper bills first, wait for you to put them in your wallet, and then give you the coins.

▶The ultimate example of being considerate to your guests is the tea ceremony. For example, the host will sprinkle water at the entrance to symbolize purification of the building. Seasonal flowers and art will also be displayed to suit the guest's preference.

覚えて
おきたい ▶ **語句・表現**

hospitality「おもてなし、訪問者を歓迎すること」
behavior「ふるまい」【ビヘイ v ヤ】
A is[are] said to be B「A は B だと言われている」
A is rooted in the spirit of B「A は B の精神に根ざしている」
put A first「A を第一に考える、A を優先する」
cashier「レジ係」【カシア】　　be considerate to A「A を思いやる」【コンスィダレ t】
sprinkle「（水などを）まく、（こしょうなどを）かける」
purification「浄化」　　preference「好み」

Japanese Hospitality

 日本語訳で確認

私たちはおもてなしの精神を大切にしています。

▶日本でお店やレストランに行くと、店員がとてもていねいに頭を下げます。このようなふるまいから、日本人は「ていねい」だとよく言われますが、これはおそらく、日本特有の「おもてなし精神」に根ざしているものです。

▶店員や会社の営業職は、お客を優先する訓練を受けます。たとえば、現金の支払いでおつりを返すとき、まずお札から返し、客がお札を財布に収めるのを待ってから小銭を返します。

▶お客を思いやる習慣の究極の例は、茶の湯です。茶の湯では玄関に打ち水をしますが、これは建物を清めたことを象徴するものです。また、客の好みを考慮した季節の花と芸術品も飾られます。

キーワード ＆ ワンポイントアドバイス

キーワードは be considerate to guests（客に思いやりをもつ）。

日本の「おもてなし」の文化が茶道の歴史にも根ざしていることは、High-end restaurant staff and flight attendants often study tea ceremony.（料亭のスタッフやフライトアテンダントは茶道を学ぶことが多い）などと説明してもいいでしょう。

22 ハイテクトイレ

Enjoy the advanced features.

▶Many Japanese buildings have Western toilets. Most Japanese houses have Western toilets with heated seats and bidets. Some older buildings still have the old squat type toilets.

▶Inside the toilet bowl is a nozzle for washing the bottom and for the bidet. When you press a button, the nozzle moves and water shoots upward. This may feel strange at first.

▶An advanced model will automatically open and close the toilet cover for you. Some types also have dryers and massaging fountains for your bottom.

 語句・表現

advanced「先進的な」　feature「特徴、機能」
heated seat「暖房便座」　bidet「ビデ」
squat「スクワット」 ＊通常はエクササイズ用語だが、和式のお手洗いの座り方も英語では squat。
nozzle「ノズル」　bottom「おしり」 ＊比較的ていねいな言葉。
massaging fountain「マッサージ用噴水」

High-tech Toilets

 日本語訳で確認

先進的な機能をお楽しみください。

▶日本の建物の多くには洋式のトイレが付いています。家庭のほとんどが、暖房便座とビデの付いた洋式トイレを使っています。古い建物には、今も古い和式が残っていることがあります。

▶おしり洗浄とビデのノズルは、トイレの器の内部に取り付けられています。ボタンを押すと、ノズルが動いて上向きに水を放ちます。最初は変な感じがするかもしれません。

▶先端機では、自動的にふたが開閉します。温風乾燥とおしりのマッサージ用の噴水が付いているタイプのものもあります。

キーワード & ワンポイントアドバイス

キーワードは bidet（ビデ）。

ビデとおしり洗浄のボタンには、絵柄と日本語だけで英語の説明の付いていないものもありますので、水を流すつもりで間違って押してしまう海外の人がいます。初めて来日する人には、必ず事前に説明しましょう。

貯水タンクのつまみの「大」(more flushing water)、「小」(less flushing water) も説明したほうが親切です。flush は、「（トイレで）流す」という意味です。

ちなみに「ウォシュレット」は TOTO 社の登録商標で固有名詞であり、washlet と言ってみても、英語圏の人には通じません。

A family shares the same bath water.

▶In a Japanese bathroom, there is a <u>separate</u> area for washing. A family shares the same water in the bathtub, so we try to <u>keep the bathtub water clean</u>.

▶Next to the bathroom, there is a changing area. When you enter the bathroom, you will find a washing area. If you find <u>something that looks like</u> a <u>step stool</u> in the bathroom, it is for sitting. Please <u>rinse</u> your body before going into the tub.

▶If the bath water is too hot, please add cold water. After sitting in the tub for some time, you get out of the bathtub and wash your body and hair.

 語句・表現

separate「別の」
keep the bathtub water clean「湯船の水をきれいにしておく」
something that looks like A「A のように見えるもの」
step stool「踏み台」
＊風呂場の低く小さな台は何をするものなのか、海外の人には説明しないとわからないことがある。
rinse「すすぐ」
＊ここでは「かけ湯」の意味で使っている。ちなみに、日本語でいう「リンス」は conditioner。

Baths

日本語訳で確認

家族で同じお湯につかります。

▶日本の風呂場では、洗い場が別にあります。家族で湯船のお湯を共有するため、湯船のお湯を汚さないようにします。

▶風呂場の横に脱衣場があります。風呂場に入ると、洗い場があります。風呂場にある踏み台のようなものは腰をかけるためのものです。湯船につかる前にかけ湯をしてください。

▶お湯が熱すぎたら、水を足してください。湯船にしばらくつかった後に、湯船から出て体と髪を洗ってください。

キーワード＆ワンポイントアドバイス

　キーワードは separate area for washing（洗い場は別）。

　海外の人でも知っていることが多いでしょうが、一応念を押しておきましょう。それ以外にも、日本式の風呂の入り方は海外の人にとって難しいと感じる部分があります。たとえば、低くて小さい風呂のいすと洗面器をどのように使うのかわからず、立ったままシャワーを浴びてしまう人がいるので、本文のように説明しましょう。

　また、日本人の好むお湯の温度は西洋人にとっては往々にして熱すぎるらしいので、Please add cold water.（お水を足してくださいね）と言うと親切です。

　94 ページの「温泉」も参照。

英語で言ってみよう 🎧 24

We have some unique items.

▶We have some unique items in the Japanese kitchen. You will know the <u>stove</u>, the <u>microwave</u>, and the toaster when you see them. You will also see a <u>rice cooker</u>, a <u>rice bin</u>, and a <u>water heater</u>.

▶We use western <u>cookware</u> like frying pans and <u>saucepans</u>. To grill fish, we use a special <u>fish grill</u> or the grill oven of the gas stove.

▶Our kitchen knife is large and wide. This is good for cutting fish. We have a big bowl with a <u>rough surface</u> inside. This is for <u>grinding</u> sesame seeds. We also like to use a big <u>grater</u> for <u>grating</u> radish.

 語句・表現

unique「独自の」【ユニー k】＊アクセントの位置に注意。
stove「コンロ」【s トウ v】　　microwave「電子レンジ」
rice cooker「炊飯器」　　rice bin「米びつ」　　water heater「湯沸かし器」
cookware「調理器」　　saucepan「鍋」　　fish grill「魚焼き器」
rough surface「ざらざらの面」　　grind「（食べ物などを）する」
grater「おろし器」　　grate「（食べ物などを）おろす」

Kitchens

 日本語訳で確認

日本独自のアイテムがあります。

▶日本の台所には、独自のものがいくつかあります。コンロ、電子レンジ、トースターは見ればわかるでしょう。ほかに、炊飯器、米びつ、湯沸かし器もあります。

▶日本でもフライパンや鍋のような、西洋の調理器を使います。魚を焼くには、専用の魚焼き器またはガスコンロのグリルオーブンを用います。

▶日本の包丁は大きくて幅が広くなっています。これは魚を切るのに便利です。内側がざらざらしている大きなはちがありますが、これはゴマをするためのものです。大根をおろすための大きなおろし器もよく使います。

キーワード ＆ ワンポイントアドバイス

　キーワードは rice cooker（炊飯器）、rice bin（米びつ）、water heater（湯沸かし器）。

　日本初心者の他文化圏の人にはなじみのないものですが、それぞれこのように短い言葉で説明できます。本文ですりばちについて触れたのは、筆者のカナダ人の知り合いが、どんぶりと勘違いしてすりばちを買ってきたためです。

　ざるそばのつゆ入れにお茶を入れたドイツ人もいました。気持ちはよくわかります。できるだけ、事前に説明してあげるといいでしょう。

　96 ページの「和食器」も参照。

25 コンビニ

It's a part of the Japanese life.

▶In Japan, you will see a *konbini* on almost every block. The word *konbini* comes from the English word "convenience." So, it is like a North American convenience store. Most *konbini* are open 24 (twenty-four) hours a day, seven days a week.

▶In a *konbini*, you can buy daily goods and sweets. You can also buy meals like salads and lunch boxes. Many also sell alcoholic drinks and have ATMs. You can even send packages by courier or obtain government certificates.

▶*Konbini* is now a part of Japanese life. Some people even say they can survive if they have a wallet, a smartphone, and a *konbini*.

覚えて
おきたい　**語句・表現**

on almost every block「ほぼすべてのブロックで」
＊英語の block は通りの角から角までの区間を指す。
24 hours a day, seven days a week「年中無休 24 時間」
＊ 24/7（twenty-four seven）という短い言い方もある。
sweets「菓子」　　**meal**「食事」　　**package**「荷物」　　**courier**「宅配便」
obtain「取得する」　　**certificate**「証明書」
some people even say A「ある人たちは A とまで言う」
survive「生き残る」＊ここでは、「ひと通りの生活が送れる」ぐらいの意味。
wallet「財布」

Konbini

 日本語訳で確認

日本人の生活の一部です。

▶日本には、1ブロックにひとつと言っていいほどのコンビニがあります。「コンビニ」という言葉は、英語の convenience に由来しています。つまり北米のコンビニエンス・ストアのようなものです。ほとんどのコンビニは、毎日 24 時間営業しています。

▶コンビニでは日用雑貨や菓子が買えます。サラダや弁当などの食事も買えます。酒や ATM を置いているところも多くあります。宅配便で荷物を送ったり、政府の証明書を取得したりすることもできます。

▶コンビニは今では日本人の生活の一部です。財布とスマートフォンとコンビニがあれば、日本でひと通りの生活ができると言う人もいるほどです。

キーワード & ワンポイントアドバイス

　キーワードは convenience store（コンビニ）。

　北米でコンビニ機能をもつ店は、corner store とも呼ばれます。corner（角）にあってもなくてもこのように呼ばれます。

　日本のコンビニの原型であり、早朝から深夜まで開いていて、菓子、飲み物、洗剤、ペットフードなど、スーパーが閉まった後でも買い忘れたものを買うことができます。しかし、今の日本のコンビニのように、ありとあらゆる商品と機能がそろっていて、生活の一部と言えるほどではありません。

英語で言ってみよう 🎧26

We relieve stress by singing songs with *karaoke*.

▶*Karaoke* is a form of private entertainment born in Japan. Many Japanese relieve stress by singing songs with *karaoke*. It is a major entertainment for men and women of all ages. You can sing all types of Japanese songs, and English songs from the Beatles to BTS!

▶*Karaoke* started in the 70s (seventies) to 80s (eighties) when bars played recorded music for their customers to sing with.

▶We also have *karaoke* rooms where people can enjoy *karaoke* in small groups. You can get drinks and snacks in these places, but the main reason for going to *karaoke* rooms is to sing your hearts out.

覚えて
おきたい **語句・表現**

relieve stress「ストレスを解消する」　　a form of A「A の一形態」
men and women of all ages「老若男女」
rooms where people can enjoy *karaoke*「人々がカラオケを楽しめる部屋」
sing your hearts out「思いきり歌う」

Karaoke

 日本語訳で確認

カラオケで歌を歌ってストレスを解消します。

▶カラオケは日本発祥のプライベートエンターテインメントです。日本人の多くがカラオケで歌を歌ってストレスを解消します。老若男女のためのメジャーなエンターテインメントです。あらゆる種類の日本の歌と、ビートルズからBTSまで英語の歌も歌えるんです！

▶カラオケは、70年代から80年代にスナックなどでレコード音楽を再生し、客が歌ったのがはじまりです。

▶数人の仲間とカラオケを楽しむカラオケボックスもあります。こういった場所では、ドリンクや軽食もとれますが、カラオケボックスに行く主な目的は思いきり歌うことです。

キーワード & ワンポイントアドバイス

　キーワードは a major entertainment for men and women of all ages（老若男女のためのメジャーなエンターテインメント）。

　カラオケは今では日本から輸出された英語、*karaoke* となり、英語圏の人に理解されます。英語圏にも居酒屋などでカラオケを導入しているところがあります。

　ただし、日本語の発音で「カラオケ」と言っても通じないことが多いでしょう。発音をカタカナで書くと「カラオケイ」から「キャリオキー」までいろいろです。

英語で言ってみよう 🎧 27

We enjoy all kinds of drinks and foods.

▶In the Japanese style pub called *izakaya*, you can enjoy all kinds of drinks and foods. It is best to go to an *izakaya* with a group of friends. The *izakaya* is casual, so you can drop by freely.

▶The food in an *izakaya* is just as important as the drinks. The *izakaya* food menu has a wonderful variety from casual appetizers to *sushi* or steak.

▶When you sit at the table, they may serve a small appetizer that you didn't order. This is not a mistake. Even though some *izakaya* charge you for this, you cannot return it.

 語句・表現

all kinds of「あらゆる種類の」＊kinds の代わりに types、sorts を使うこともできる。
it is best to [v]「[v] することをすすめる」＊[v] の部分には動詞の原形が入る。
appetizer「おつまみ、前菜」
A that you didn't order「（あなたが）注文しなかった A」
even though [sv]「[sv] だとは言っても」＊[sv] の部分には、主語と動詞をもつ節が入る。

Izakaya

 日本語訳で確認

さまざまな飲み物や食べ物を楽しみます。

▶「居酒屋」と呼ばれる和風パブでは、あらゆる種類の食べ物と飲み物が楽しめます。居酒屋には友人同士のグループで行くのが一番いいでしょう。気さくな雰囲気なので自由に立ち寄れます。

▶居酒屋での食べ物は、アルコール飲料と同じぐらい重要です。居酒屋の食べ物メニューはバラエティーに富み、簡単なおつまみから、すしやステーキまであります。

▶テーブルに着くと、注文していない小さなお通しが出てくるかもしれません。これは間違いではありません。居酒屋の中にはこれに課金するところもありますが、客がこれを返すことはできません。

キーワード & ワンポイントアドバイス

　キーワードは casual（気さくな）。
　割烹や高級すし店より気軽に入れる雰囲気と、さまざまな飲み物と食べ物が手軽な価格で楽しめることから、日本を訪れる海外の人と一緒に行きたいところです。ただし、お通しをミスオーダーだと思って返そうとする外国人は多いもの。This is customary and you cannot return it even if you don't like it.（これは習慣で、口に合わなくても返せないんです）と説明しましょう。また、複数のお皿をオーダーしてみんなで分けるというスタイルは、It's like Spanish tapas.（スペインのタパスのようなものです）と言うことができます。
　izakaya は英語圏の多くの町でブームとなり、英語として定着した感があります。
　ちなみに、ここでは日本でよく知られる pub という言葉を使いましたが、居酒屋をより語義通りに表す英語としては tavern（タバーン）があります。

28 ラーメン

It's different from *soba* or *udon*.

▶*Ramen* is a noodle soup dish. You see many *ramen* restaurants in Japan and people often go to them because they are casual and prices are reasonable.

▶*Ramen* soup may also have garlic, soy sauce or *miso* added to its base. Popular <u>toppings</u> are <u>roasted pork</u> and chopped green onions.

▶Different areas <u>specialize in</u> different kinds of *ramen*. The famous <u>specialty</u> *ramen* of Hakata uses a white soup taken from pork bones. You can <u>slurp</u> when you eat your *ramen*!

 語句・表現

topping 「具」 ＊(めんの)上にのっているので、topping。
roasted pork 「焼き豚」
A specialize in B 「A は B を名物にしている」
＊I specialize in mathematics.（私は数学を専門にしている）という使い方もある。
specialty 「特産、専門」　　**slurp** 「音を出してすする」

Ramen

日本語訳で確認

そばともうどんとも違うんです。

▶ラーメンはスープにめんのつかった食べ物です。日本には多くのラーメン店があり、気さくな雰囲気で価格が手ごろなので、日本人はよくラーメン店に行きます。

▶ラーメンスープはまた、ベースににんにく、しょうゆ、みそなどを加えていることがあります。具としては、焼き豚、刻みネギが人気です。

▶地域によって、さまざまなラーメンがあります。博多の名物ラーメンは、豚骨からとった白いスープを使います。ラーメンを食べるときは、音を出してすすってもいいんです！

キーワード & ワンポイントアドバイス

　キーワードは、It's different from *soba* or *udon*.（そばともうどんとも違うんです）。

　西洋では、食べるときに音を出すのはマナー違反とされますが、日本に来た西洋人には You can slurp when eating Japanese noodles. Maybe it tastes better when you slurp!（日本のめん類は、音を出してすすってもいいんですよ。そのほうがおいしいかもしれませんよ！）と話してみましょう。

　Ramen は、昨今世界のあちこちでブームとなり、英語、そのほかの言語で単語として定着しました。

英語で言ってみよう 🎧29

Manga can be both entertaining and educational.

▶*Manga* is an important part of Japanese culture. It is entertainment for men and women of all ages. But it's more than just entertainment; it can be educational too.

▶There are many themes, from science fiction to sports to love. There are also *manga* about history and about famous people.

▶The most famous *manga* artist of Japan is perhaps Osamu Tezuka. He created many great *manga* including *Astro Boy*. The subjects were often science fiction and educational. *Astro Boy* has been made into anime and it became the first Japanese anime broadcast abroad.

 語句・表現

educational「教育的な、勉強になる」
more than just A「A であるだけではない」　*manga* artist「マンガ家」
including A「A を含む」　subject「題材」
broadcast「放映する、放映される」

Manga

 日本語訳で確認

エンターテインメントであるほか、勉強にもなります。

▶マンガは日本の文化の重要な一翼を担っています。老若男女のエンターテインメントです。でも、エンターテインメントであるだけではなく、勉強にもなります。

▶ SF からスポーツ、恋愛まで、あらゆるテーマのマンガがあります。歴史や著名人が題材のマンガもあります。

▶日本で一番有名なマンガ家はおそらく手塚治虫です。彼は、『鉄腕アトム』を含む多くの偉大なマンガを創作しました。多くの場合、題材は SF であり、教育的なものでした。『鉄腕アトム』はアニメ化され、海外で初めて放映された日本のアニメになりました。

キーワード & ワンポイントアドバイス

　キーワードは educational（勉強になる）。
　日本では教育的なマンガも多いのですが、英語で comics と言えば、『バットマン』や『スパイダーマン』など、少年向けのものが多いです。
　マンガは、今では日本のアートして世界的に知られているので、*manga* で通じる場合もあります。『鉄腕アトム』は、*Astro Boy* という名称で 1960 年代から北米で放映されていたため、アメリカ人やカナダ人の中には知っている人もいます。

30 アニメ

It's a part of Japanese art.

▶Both TV and movie anime are important entertainment for the Japanese. <u>Those who were born in the 60s (sixties) or later</u> have been watching a lot of anime. Some anime are for children, but there are artistic works too.

▶<u>Although it is</u> Walt Disney <u>that</u> first <u>spread</u> animation around the world, many great animation works have been produced in Japan <u>as well</u>.

▶The most famous anime creator today is probably Hayao Miyazaki. His works are <u>internationally known</u> and he has received an Academy <u>Award</u> for animation. Have you watched his famous international works, *Spirited Away* or *Howl's Moving Castle* ?

 語句・表現

those who were born in the 60s or later「60 年代以降に生まれた人」
although [sv]「[sv] であるが」
it is A that spread B「B を普及させたのは A である」
spread「普及させる」
... as well「(〜を受けて) 同様に」＊「〜も」の意味の too と似た使われ方。
internationally known「国際的に知られている」　　award「賞」

Anime

 日本語訳で確認

ジャパニーズアートの一翼を担っています。

▶テレビと映画の双方で、アニメは日本人にとって重要なエンターテインメントです。60年代以降に生まれた日本人は、ふんだんにアニメを見てきています。子ども向けのものもありますが、芸術的な作品も登場しています。

▶アニメーションを世界で最初に普及させたのはウォルト・ディズニーですが、日本でも数々の優れたアニメ作品が生み出されています。

▶現在、一番有名なアニメ制作者はおそらく宮崎駿です。彼の作品は国際的に知られ、アニメ部門でアカデミー賞を受賞しました。彼の有名な国際的作品、『千と千尋の神隠し』や『ハウルの動く城』を見たことがありますか？

キーワード & ワンポイントアドバイス

　キーワードは anime（アニメ）と animation（アニメーション）。「アニメ」という和製英語が日本から英語圏に逆輸入され、英語圏でそのまま使われています。

　宮崎駿も制作に参加した『アルプスの少女ハイジ』はドイツ語版を含め世界各国で翻訳版が放送されていますが、スイスやドイツの描写が本格的なため、日本で制作されたことはあまり知られていません。

　ヨーロッパの人などに The Heidi animation was made in Japan.（あのハイジアニメは日本で制作されたんだよ）と言って驚かせてみましょう。ただし、英語圏での知名度はあまり高くありません。

31 部活

There are various after-school activities.

▶In many Japanese high schools, students must join at least one after-school club. There are clubs for many activities. Most high schools have clubs for sports such as tennis or baseball. Students can also join clubs for hobbies, like reading or cooking.

▶The clubs are often an important part of school life. They often go on camps. Many students make lifelong friends through their clubs.

▶Club activities can become very serious. For example, high-school baseball is very competitive and the national tournaments are broadcast nationwide. Baseball players who are both skilled and attractive have passionate fans!

覚えて
おきたい　**語句・表現**

high schools「中学・高校」
＊英語圏では学年を小学校1年生から通しで数えるが、high school は7年生から12年生ぐらいを指し、中学校と高校の区別は日本ほど厳密ではない。

at least「少なくとも」　　**camp**「合宿」　　**lifelong friend**「生涯の友」

competitive「競争的な」＊「レベルが高い」の意味。

national tournament「全国大会」

baseball players who are A「A である野球選手」

attractive「魅力的な」【アトラkティv】　　**passionate**「情熱的な」

School Clubs

 日本語訳で確認

放課後にさまざまな活動があります。

▶日本の中学・高校の多くで、生徒は最低ひとつの課外クラブに参加しなければなりません。さまざまな活動を行うクラブがあります。ほとんどの中学・高校には、テニスや野球のようなスポーツクラブがあります。生徒はまた、読書や料理など、趣味のクラブに入ることもできます。

▶クラブは生徒の学生生活の重要な一翼を担います。合宿がしばしば行われます。生徒の多くは、クラブで生涯の友人を作ります。

▶クラブ活動の中には大変本格的になるものがあります。たとえば、高校野球はとてもレベルが高く、全国大会は全国放送されます。上手で魅力的な選手には、情熱的なファンがいるんです！

キーワード ＆ ワンポイントアドバイス

　キーワードは after-school club（課外クラブ）。

「クラブ活動があるんです」は、I have club activities at school. または、I have extracurricular activities at school. と言います。extracurricular は上級の単語ですが、「課外」という意味です。

　ちなみに、筆者の住んでいたカナダ、トロント市の公立中学・高校では、クラブ活動は強制ではありません。放課後、デートをしたり、友だちと町をうろついたり、アルバイトをして過ごす生徒も多いようです。

英語で言ってみよう 🎧32

Competition is tough.

▶Many students in Japan must pass an entry <u>exam</u> to enter the school of their choice. Competition for getting into a good school can be <u>fierce</u>.

▶There is a large <u>industry</u> that trains children for passing these exams. Parents send their children to <u>cram schools</u> and <u>university preparation schools</u>. The fees for these schools are expensive, but parents pay them <u>in hopes that</u> their children will do well in school.

▶There are even training schools for children as young as three years old. This is to prepare them to pass the exam for a prestigious private <u>kindergarten</u>.

覚えて
おきたい 語句・表現

competition「競争」　　exam「試験」＊examination の略。
fierce「激しい」　　industry「産業」
cram school「塾」　　university preparation school「予備校」
in hopes that [sv]「[sv] を願って」＊sは主語、vは動詞。
kindergarten「幼稚園」

School Entrance Examinations

 日本語訳で確認

激しい競争があります。

▶ 日本の生徒の多くは、行きたい学校に入るために受験をしなければなりません。いい学校に入るための競争は、激しいものです。

▶ 子どもをこうした試験に合格させるための受験産業が発達していて、親は子どもを塾や予備校に通わせます。こういった場所の授業料は高いですが、親は子どもの勉強がうまくいくことを願って負担します。

▶ わずか3歳の子どもを受験のために訓練する塾さえあります。これは、子どもが名門の私立幼稚園に入れるようにするためです。

キーワード & ワンポイントアドバイス

　キーワードは cram schools（塾）と university preparation schools（予備校）。

　英語圏の受験産業は日本ほどには発達していません。学校の多くは、現在通っている学校の成績、論文（作文）、面接などを通して生徒や学生の入学審査をします。

恐怖の和製英語

「コンビニ」と「コスプレ」――。いずれも本書に出てくる言葉ですが、konbini と言っても、kosupure または cosplay と言っても、英語圏の人には十中八九通じません。和製英語なのです（自然な英語については、70 ページと 40 ページをご覧ください）。

　日本は日々、新しいカタカナ語が作り出されている「和製英語天国」です。外来語は一度輸入されるとひとり歩きするものですから、それはいいとしても、筆者のように英語圏に長年住んでいた日本人にとっては、和製英語は実は恐怖の対象です。しばらく日本を離れていると、新しく作り出される和製英語が英語とは別の意味をもつ場合、それが何を意味するのかわからなくなるのです。カナダに住んでいたとき、カタカナ語でわからなかったのは、「テンション」です。英語で You have high tension! などと言うと、（相手の肩をさわりながら）「コってるね〜」と言っていることになります。「テンションが高い」を英訳するとすれば You're so excited! でしょうか。

　また、ある芸能人が一般の主婦を指して「セレブね〜」と言うのをテレビで見たとき、「あの芸能人のほうがセレブなのに」と筆者は思いました。「セレブ」の語源と思われる英語の celebrity は「有名人」を意味するからです。これは後になって、high society を意味するのだということが判明。この芸能人は、有名は有名でもあまりお金がないのかもしれません。

　海外在住者にとって、このようなズレを見たり聞いたりすることは日常茶飯事です。それが国際交流の難しさであり、また楽しみでもあるのかもしれません。

第 3 章

旅館に泊まってみよう

Let's stay at a traditional inn.

あなたは、シンガポールからやってきた友人のチャウさんと新幹線を利用して旅行へ行き、温泉旅館に宿泊します。到着した旅館は伝統的な日本建築。美しい日本庭園もあります。

部屋に入ってからあなたはチャウさんに、浴衣は館内移動着兼寝巻きであること、そして夜には旅館の従業員がふとんを敷いてくれることなどを話します。浴場では日本の温泉について、また、その入り方について説明します。

ふたりは、すしや和牛のすき焼きなどおいしい和食に舌つづみを打ち、日本酒と焼酎を楽しみ、朝ご飯には、納豆、みそ汁、そばをいただきます。

日本の食べ物に慣れないチャウさんには、お椀をもち上げてもいいんですよ、と和食器の使い方も説明しましょう。

この章では他文化圏から来た方に、日本の旅館や食べ物を心ゆくまで楽しんでもらうためのテーマを集めました。

33 新幹線

 英語で言ってみよう 🎧 33

It is one of the fastest trains in the world.

▶The Shinkansen is one of the world's fastest trains. It travels at 250 (two hundred fifty) kilometers per hour or faster. As of 2023 (two thousand twenty three), the Shinkansen network connects all major cities across Japan except those in Shikoku.

▶Since going into service in 1964 (nineteen sixty four), the Shinkansen has been getting attention from the world as one of the fastest trains in the world and as a symbol of Japanese technology.

▶Currently, a project is underway to start the whole operation of the Chuo Shinkansen line. It will connect Tokyo and Osaka in just over 60 (sixty) minutes at 500 (five hundred) kilometers per hour. It has the possibility to be faster than the French TGV, which is said to be the fastest in the world right now.

覚えて おきたい ▶ **語句・表現**

per hour「1時間につき」 ＊〜 kilometers per hour は「時速 〜 キロ」。
as of A「A の時点で」
A have[has] been getting attention from B「A は B から注目を浴びてきた」
underway「進行中である」
TGV「TGV（ティージービー）」 ＊新幹線とよく比較されるフランスの高速電車。

The Bullet Train

日本語訳で確認

世界最速の電車のひとつです。

▶新幹線は、世界最速の電車のひとつです。時速およそ 250 キロ以上で走ります。2023 年時点で、新幹線ネットワークは四国を除き、日本の主要都市をすべてつないでいます。

▶ 1964 年の開通以来、新幹線は世界最速電車のひとつ、そして日本の技術の象徴のひとつとして、世界から注目されてきました。

▶現在、リニア中央新幹線の全線を開業する計画が進んでいます。これは、東京と大阪を 60 分強で結ぶものであり、時速 500 キロです。現在世界最速と言われるフランスの TGV より速くなる可能性があります。

キーワード & ワンポイントアドバイス

キーワードは a symbol of Japanese technology（日本の技術の象徴のひとつ）。

ヨーロッパなどにも高速鉄道はありますが、海外から来た人に驚かれるのは到着時刻の正確さと運行本数の多さ。They are punctual.（ダイヤが正確です）または、At most times, there are more than eight trains running every hour between Tokyo and Osaka.（東京ー大阪間では、ほとんどの時間、1 時間につき 8 本以上の新幹線が運行しています）などと話してみましょう。ちなみに「ダイヤ」は和製英語で、英語では train schedule と言うといいでしょう。

英語で言ってみよう　　　　　　　　　🎧34

Enjoy the traditional architecture and accommodation style.

▶In Japan, there are two types of inns. One is the Western style hotel, and the other is the traditional Japanese style inn called a *ryokan*. In many *ryokan*, you can enjoy the old-style accommodation, Japanese food, and hot springs.

▶When you enter your room, you will find tea, sweets, and a *yukata*. *Yukata* is a *kimono*-style sleepwear. You can also wear this to the public bath or to the public eating area.

▶At night, you sleep in a *futon* on the *tatami* floor. The *futon* you sleep on is a thin folding mattress. The top *futon* is like a comforter. The staff prepare the *futon* on the floor at night.

覚えて
おきたい　▶ 語句・表現

architecture「建築」　　accommodation「宿泊、宿泊施設」
one is A, and the other is B「ひとつは A で、もうひとつは B」
sleepwear「寝巻き」　　public bath「公衆浴場」
public eating area「食事処」　　folding「折りたたみ式の」
comforter「掛けぶとん」　＊blanket（毛布）よりも厚いものを指す。
prepare the *futon* on the floor「ふとんを敷く」

Traditional Japanese Inns

 日本語訳で確認

昔ながらの建築様式と宿泊スタイルをお楽しみください。

▶日本にはふたつのタイプの宿泊施設があります。洋式のホテルと、旅館と呼ばれる日本式の宿泊施設です。多くの旅館では、昔ながらの宿泊施設、和食、温泉を楽しむことができます。

▶部屋に入ると、お茶とお菓子、そして浴衣が用意されています。浴衣は着物のような寝巻きです。公衆浴場と食事処に行くときにも着ることができます。

▶夜は、畳に敷かれたふとんで眠ります。敷きぶとんは薄い、折りたためるマットレスです。掛けぶとんはコンフォーターのようなものです。夜になると旅館の従業員がふとんを敷いてくれます。

キーワード & ワンポイントアドバイス

キーワードは traditional style（昔ながらのスタイル）。

宿泊プランをもつ旅館も多いので、You can buy a package that includes staying in a traditional style inn with Japanese food and use of the hot spring.（和食、温泉を含むパッケージで伝統的な宿に泊まれます）と話してみましょう。

英語圏でいう *futon* は、日本から輸出されて以来ひとり歩きした英製和語（第5章のコラム 164 ページ参照）で、折りたたみ式のソファベッドを意味します。実際の日本のふとんはどんなものなのかを、本文のように説明しましょう。

35 日本庭園

 英語で言ってみよう　🎧35

They simulate nature.

▶Many shrines, temples, traditional inns, and large houses have Japanese gardens. These gardens often simulate nature. For example, mountains are simulated by piling up earth, and water is drawn to create small rivers.

▶Most traditional Japanese gardens are simple in design. They don't have flower beds like in Western gardens. The most characteristic Japanese garden is perhaps *karesansui*, or dry landscape gardens.

▶The most famous garden of this style is Ryoan-ji Temple in Kyoto. Dry landscape gardens do not use water. They are only made of pebbles and stones. They are said to represent Zen philosophy.

覚えて
おきたい　語句・表現

simulate「模倣する」　　earth「土」
draw「引く」　perhaps「おそらく」
pebble「砂利、小石」　represent「表す」
philosophy「哲学」

Japanese Gardens

 日本語訳で確認

自然を模倣します。

▶ 神社、寺、旅館、屋敷の多くに日本庭園があります。日本庭園は往々にして、自然を模しています。たとえば、土を盛って山を、水を引いて小川を作ります。

▶ 日本庭園のほとんどはシンプルなつくりです。西洋の庭のように、たくさんの花壇はありません。日本庭園の中で、おそらく最も特徴的なのは枯山水の庭園です。

▶ 枯山水の庭園のなかでも一番有名なのが、京都の龍安寺の庭園です。枯山水の庭園は水を用いません。砂利と石だけでできています。これらは、禅の哲学を表していると言われています。

キーワード＆ワンポイントアドバイス

　キーワードは simulate nature（自然を模倣する）。
　四季折々の花で埋め尽くされた英国庭園などに比べ、シンプルな日本庭園は想像力をかきたてるためのものなので、Please use your imagination freely.（自由に想像してくださいね）と話してもいいでしょう。
　枯山水の箱庭を海外の人へのお土産にし、本文のような説明を加えると喜んでもらえるでしょう。

英語で言ってみよう 🎧36

It's a traditional-style Japanese spa.

▶The Japanese people have loved hot spring spas for a long time. Because Japan has many <u>volcanoes</u>, there are many hot springs. The spas help you relax and heal your body.

▶Many spas also have an <u>outdoor bath</u>. You can relax in the <u>open air</u>. Most spas are public baths and we <u>bathe naked</u>.

▶When you enter the bath, you will see a washing area with stools and maybe a shower. Use the shower or the <u>basins</u> near the stools to wash yourself. When you are clean, you can go in and enjoy the wonderful hot spring.

 覚えて おきたい 語句・表現

volcano「火山」【ヴォ l ケイノウ】   outdoor bath「露天風呂」
open air「野外」
bathe naked「裸で入浴する」【ベイ th】 ＊th は濁音。
basin「洗面器」【ベイ sn】

Hot Springs

日本語訳で確認

昔ながらの日本のスパです。

▶日本人は長い間、温泉浴を愛好してきました。日本は火山の多い国ですから、温泉が豊富です。温泉は人をリラックスさせ、体を癒やしてくれます。

▶温泉場の多くには露天風呂もあります。開放的な屋外でリラックスできます。温泉のほとんどは公衆浴場になっていて、裸で入ります。

▶浴場に入ると洗い場にはいすがあり、シャワーも付いているかもしれません。シャワーまたは、いすの近くにある洗面器を使って体を洗ってください。きれいになったら、温泉を楽しんでください。

キーワード & ワンポイントアドバイス

　キーワードは traditional-style Japanese spa（日本式スパ）。

　リラックスするための入浴施設なんです、という話から始めたほうがわかってもらいやすいでしょう。

　古代ローマのカラカラ浴場など西洋にも温泉に入る伝統はあり、北米西部などには温泉浴場がありますが、水着で入るのが普通ですから、本文のように、We bathe naked.（裸で入るんですよ）と説明します。

　また、日本の風呂の入り方は慣れない海外の人にとって難しいもの。本文のように説明しましょう。

　66 ページの「風呂」も参照。

37 和食器

 英語で言ってみよう 🎧 37

You can lift your dishes when you eat.

▶Many different bowls and dishes are used for Japanese food. We use flat plates, rice bowls, soup bowls, and <u>multi-purpose bowls</u>. We also have a Japanese-style teapot and teacups.

▶On a table you will see small items like chopsticks, <u>chopstick rests</u>, and small <u>plates that are used for dipping</u> food in soy sauce.

▶You can lift your dish when eating. To do so, use <u>the hand that is not holding</u> the chopsticks. When lifting your cup of tea, try to hold the side of the cup with one hand and <u>support</u> the bottom of the cup with the other hand. <u>It is best not to</u> pick up the flat plates.

覚えて
おきたい **語句・表現**

multi-purpose bowl「多目的椀」
＊煮物、酢の物などに使われる一般的な椀、という意味でこのように訳した。
chopstick rest「はし置き」　　**plates that are used for A**「Aに用いられる皿」
dip「（食べ物をソースなどに）つける」
the hand that is not holding A「Aをもっていない手」　　**support**「支える」
it is best not to [v]「[v] をしないほうがよい」＊[v] の部分には動詞の原形が入る。

96

Japanese Tableware

 日本語訳で確認

食べるとき、食器をもち上げてもいいんです。

▶和食にはさまざまな椀や皿が用いられます。平皿、茶碗、汁椀、多目的椀などがあります。また、急須と湯飲みもあります。

▶テーブルには、はし、はし置きや、料理にしょうゆをつける小皿のような小さな品も見られます。

▷食べるときに食器を手でもち上げてもかまいません。これには、はしをもっていないほうの手を使います。お茶の入った湯飲みをもち上げるときは片方の手を側に、もう片方の手を底に置いて支えるといいでしょう。平皿はもち上げないほうがいいでしょう。

キーワード & ワンポイントアドバイス

キーワードは You can lift your dish.（食器をもち上げてもかまいません）。
西洋のテーブルマナーではカップ以外をもち上げることはマナー違反とされていますので、和食器はもち上げてもいいんですよ、と伝えましょう。
また、汁物の飲み方は他文化圏の人にとって難しいものです。Please sip directly from the bowl.（椀から直接すすってください）と伝えると親切です。

日本酒

It's rice wine.

▶ *Sake* is a Japanese rice wine. It has been enjoyed in Japan for a long time. You can drink it hot or cold. Its <u>alcohol content</u> is about 15% (fifteen percent).

▶ *Sake* is <u>brewed</u> by <u>fermentation</u> of rice with <u>malt</u> and water. Clear *sake* is made by <u>filtering</u> the <u>fermented</u> product. After filtering, it is <u>stored</u> for six months or longer. Just like with wine, making clear *sake* is a delicate job.

▶ There are many brands of *sake*. Every area in Japan has its own <u>local speciality</u> *sake*. Some are sweet and some are dry.

覚えて
おきたい　語句・表現

alcohol content「アルコール度数」
brewed「醸造された」＊brew は動詞で「醸造する」の意味。
fermentation「発酵」　　malt「麹」
clear *sake*「清酒」　　filter「ろ過する」
fermented「発酵させた」　　store「貯蔵する」
local speciality「地元の名産」

Sake

 日本語訳で確認

米のワインです。

▶日本酒は米のワインです。日本で長年楽しまれてきました。熱燗で飲むことも冷酒として飲むこともできます。アルコール度数は約15%です。

▶酒は、米に麹と水を合わせ、発酵させて醸造します。清酒はこの発酵物をろ過して作られます。ろ過の後、半年以上貯蔵します。ワインと同様、清酒作りはデリケートな作業です。

▶さまざまな銘柄の日本酒があります。日本の各地域には、地酒があります。甘口のものもあれば、辛口のものもあります。

キーワード & ワンポイントアドバイス

　キーワードは fermentation（発酵）。
　形容詞は fermented で、たとえば納豆は、fermented soybeans です。上級の単語ですが、日本酒と納豆のほか、みそ、しょうゆの説明にも使えますので、覚えるととても便利です。
　西洋で発酵技術を使ったお酒と言えばワインですから、日本酒は Japanese rice wine（日本の米のワイン）と言うことで（詳細はとりあえず置いておいて）、ひとことで説明できます。*sake*（サキと聞こえます）という言葉は英語圏で一般化していますから、そのまま使うこともできます。

英語で言ってみよう 🎧39

It's Japanese vodka.

▶*Shochu* is a Japanese vodka made from rice, <u>barley</u> or <u>rye</u>. *Sake* is fermented, but *shochu* is <u>distilled</u>. Some brands are also made from <u>sweet potato</u>, <u>unrefined sugar</u> or corn.

▶*Shochu* has an alcohol content of about 25 (twenty-five) to 45% (forty-five percent). It is normally mixed with hot or cold water. The production process is similar to that of vodka. The Kyushu region is famous for making *shochu*.

▶*Shochu* goes well with many other drinks, so it can be enjoyed as a cocktail. A popular cocktail called *chuhai* is *shochu* mixed with soda water. *Shochu* is also good with fruit juices.

覚えて
おきたい **語句・表現**

vodka「ウォッカ」＊英語ではヴォッカに近い発音。
barley「大麦」　　**rye**「ライ麦」　　**distill**「蒸留する」
sweet potato「さつまいも」
unrefined sugar「黒砂糖」＊unrefined は「精製されていない」という意味。

Japanese Vodka

 日本語訳で確認

日本のウォッカです。

▶焼酎は米、大麦、ライ麦などから作られる、日本のウォッカです。日本酒は発酵させていますが、焼酎は蒸留されています。銘柄によって、さつまいも、黒砂糖、とうもろこしからできているものもあります。

▶アルコール度数は約 25 〜 45％です。通常お湯か水で薄めます。生産の過程はウォッカと似ています。九州地方が焼酎の生産で有名です。

▶焼酎はほかのさまざまな飲み物とよく合いますので、カクテルにして楽しめます。人気のカクテルであるチューハイは、焼酎と炭酸水を合わせたものです。フルーツジュースと合わせてもおいしいです。

キーワード & ワンポイントアドバイス

　キーワードは distilled（蒸留された）。
　焼酎は生産過程の似ているウォッカを使って、Japanese vodka と言うことができます。
　distilled liquor は 蒸留酒のこと。上級の単語ですが、アルコール飲料はおおまかに brewed（醸造された）あるいは distilled で分類するため、焼酎の説明として覚えておくと便利です。
　蒸留酒は spirit（スピリッツ）とも呼ばれますので、焼酎は Japanese spirit と訳すこともできます。

40 すしと刺身

Sushi is a food made of seasoned rice and a topping.

▶The word *sushi* in Japanese means a food made of seasoned rice and a topping. The topping is often fish, but can also be other things. *Sushi* and *sashimi* are not the same. *Sashimi* is sliced raw fish without any rice.

▶*Sushi* may seem simple to make, but some types, like the famous Tokyo-style, need professional skill. This type of *sushi* is a treat for special occasions.

▶The Tokyo-style *sushi* is a ball of seasoned rice topped with a slice of fish. You enjoy this in one bite. At home, people make rolls or just seasoned rice with their favorite toppings.

覚えて
おきたい 語句・表現

food made of A「Aでできた食べ物」
seasoned rice「味付けご飯」＊ここでは酢飯の意味で使っている。
topping「ネタ」　　treat「ごちそう」　　special occasion「特別な機会」
A topped with B「BをのせたA」　　in one bite「ひとくちで」　　rolls「巻きずし」

Sushi and Sashimi

 日本語訳で確認

すしは酢飯にネタをのせた食べ物です。

▶日本で「すし」という語は、酢飯にネタをのせた食べ物を指します。ネタは魚であることが多いのですが、ほかのものもありえます。すしと刺身は異なる食べ物です。刺身とは生魚をスライスしたもので、ご飯はありません。

▶すしは簡単に作れるように見えるかもしれませんが、有名な江戸前ずしなどのタイプにはプロの腕が必要です。こういったすしは特別な機会のごちそうです。

▶江戸前ずしは、にぎった酢飯に魚の切り身をのせたものです。ひと口でいただきます。家庭では巻きずしや、酢飯に好きなネタをのせるだけのちらしずしが作られます。

キーワード & ワンポイントアドバイス

　キーワードは seasoned rice（酢飯）。
　酢飯には、実際にはお酢だけでなく砂糖やだしなども入っているので、seasoned「調味した」と英訳しました。
　「江戸前」の訳が Tokyo-style となるのは日本人には違和感がありますが、Edo という言葉は英語圏に浸透していませんから、これが一番わかりやすい言い方です。

41 納豆

It may seem rotten, but it is safe and healthy.

▶A popular breakfast in Japan includes *natto*. *Natto* is fermented soybeans. It has a particular smell and a slimy texture. It might look scary, but it is safe to eat.

▶In the past, *natto* was popular only in Eastern Japan and was often hated in Kansai. However, it became popular all over Japan in the 90s (nineties) as a healthy food.

▶*Natto* is made from soybeans and has isoflavones, which are said to help balance female hormones. It also has proteins and vitamins. They say *natto* is also good for high blood pressure.

覚えて
おきたい　**語句・表現**

rotten「腐っている」　　particular「独特の」
slimy texture「ネトネトした食感」　　isoflavone「イソフラボン」
..., which is [are] said to help A「(…を受けて)それは、Aに役立つといわれている」
balance female hormones「女性ホルモンのバランスをとる」
proteins「たんぱく質」　　high blood pressure「高血圧」

Fermented Soybeans

 日本語訳で確認

腐っているように見えても、安全で健康的です。

▶日本では朝食によく、納豆を見かけます。納豆は発酵させた大豆です。独特のにおいと、ネトネトした食感があります。見た目は怖いかもしれませんが、安全な食品です。

▶納豆はかつては東日本のみでよく食され、関西では嫌われていました。しかし、90年代に健康食品として日本全国で人気を得ました。

▶納豆は大豆から作られており、イソフラボンを含んでいます。これは、女性ホルモンのバランスをとるのにいいと言われています。また、たんぱく質とビタミンも含まれています。納豆は、高血圧にも効くと言われています。

キーワード & ワンポイントアドバイス

キーワードは safe to eat（安全な食品）。

納豆を知らない人は、見た目もにおいも腐っているようだと感じがちです。和食にはほかにも、ウニやクラゲ、イカの塩辛など、見た目が危険（？）そうなものがけっこうありますので、safe to eat を覚えておくと便利かもしれません。

特に旅行疲れのときには、一風変わった外国のものを食べるのがキツいときが、誰にでもあります。納豆のにおいに顔をしかめる人には If you don't want to eat it, you don't have to.（食べる気がしなければ、無理しないでください）と言ってあげると親切です。

42 みそ汁

It's comfort food for the Japanese.

▶ *Miso* soup is the most <u>common</u> <u>side dish</u>. It <u>goes with</u> lots of Japanese foods. It is made using a soybean paste called *miso*. We grow up eating *miso* soup, so it is our comfort food.

▶ The soup is made with *miso* and fish or <u>seaweed</u> <u>stock</u>. You will <u>typically</u> find *tofu* and vegetables in the soup, but <u>just about anything</u> can go in it.

▶ There are different types of *miso*. Some are dark red and others are <u>pale</u> yellow. *Miso* is also an important <u>seasoning</u> for many Japanese dishes.

覚えて
おきたい 語句・表現

comfort food「ほっとする食べ物」 **common**「一般的な」
side dish「副菜、食事の脇役」＊メインでないものを指す。
A go(es) with B「A は B と合う」 **seaweed**「海藻」
stock「だし汁」
＊かつおだしは fish（または bonito）stock、こんぶだしは seaweed（または kelp）stock。
typically「典型的な例としては」 **just about anything**「ほとんど何でも」
pale「薄い、青白い」 ＊ You look pale.（顔色が悪いね）というようにも用いることができる。
seasoning「調味料」

Miso Soup

 日本語訳で確認

日本人がほっとする食べ物です。

▶みそ汁は、最も一般的な副菜です。いろいろな和食と相性がいいのです。みそと呼ばれる大豆のペーストで作られます。日本人はみそ汁を飲んで育ってきていますから、ほっとする食べ物なんです。

▶みそ汁は、みそと魚か海藻のだしでできています。典型的な具は豆腐や野菜ですが、ほとんど何でも入れることができます。

▶みそにはさまざまな種類があります。赤黒いものもあれば、薄い黄色のものもあります。みそはまた、いろいろな日本料理の重要な調味料でもあります。

キーワード＆ワンポイントアドバイス

　キーワードは eat（食べる）。
　汁物は日本語では「飲む」ものですが、英語圏では「食べる（eat）」ものです。日本では汁物は直接お椀に口をつけて液体をすするものととらえ、英語圏の soup は液体状の食べ物をスプーンですくって食べる、と考えるからでしょうか。
　日本のラーメンを英語圏の人は noodle soup（ヌードルスープ）と呼ぶことがあります。西洋では具をたくさん入れた soup が主食になることもあるので、ラーメンをスープと呼ぶことに抵抗がないのかもしれません。
　76ページの「ラーメン」も参照。

43 すき焼き

It's a beef hot pot.

▶*Sukiyaki* is <u>one of the most popular</u> Japanese hot pots. It is also popular among the non-Japanese. It is <u>especially</u> popular in the winter. <u>Ingredients</u> such as slices of beef, *tofu*, mushrooms, and vegetables are cooked in a pot with soy sauce, stock, and sugar.

▶<u>Normally</u>, *sukiyaki* is cooked on a <u>portable stove</u> on the family table. Everyone shares from the same pot. It is a dish to have with family and friends.

▶Another famous hot pot is *shabushabu*. In this kind, thin slices of beef are boiled. A *tofu* hot pot called *yudofu* and a broth stew called *oden* are also popular.

 語句・表現

one of the most popular 「最も人気のあるもののひとつ」
especially 「特に」
ingredients 「材料」【イン g リーディヤン t】
＊主に食べ物の材料を指す。具、ネタの意味で用いることもあり、類語に material。
normally 「普通、通常」　　portable stove 「卓上コンロ」

Sukiyaki

 日本語訳で確認

牛肉を入れた鍋料理です。

▶すき焼きは、最も親しまれる日本の鍋料理のひとつです。海外の人にも人気があります。特に冬に好まれます。薄切り牛肉、豆腐、きのこ類、野菜などをしょうゆ、だし、砂糖を使って鍋で料理したものです。

▶普通、すき焼きは家庭の食卓の卓上コンロで作られます。皆が、同じ鍋から食べます。家族や友人間で楽しむ食べ物なんです。

▶すき焼きのほかに有名な鍋料理は、しゃぶしゃぶです。この種のものでは、薄切りの牛肉をゆでます。湯豆腐という鍋、おでんというだし汁のシチューも人気があります。

キーワード & ワンポイントアドバイス

　キーワードは hot pot（鍋料理）。

　中国や韓国にも鍋料理があり、北米やヨーロッパのアジア系のレストランで出されることも多いため、鍋料理は英語圏でも知られてきました。ヨーロッパにも鍋料理のフォンデュやポトフがありますから、親しみやすくもあるようです。

　豆腐は bean curd と英訳されることもありますが、英語圏では、*tofu* というパッケージ表示を普通のスーパーでも見かけるほど一般化しているため訳す必要はないでしょう。おでんは、西洋のポトフとよく比べられますが、語源の pot-au-feu はフランス語なので、英語へは broth stew（だし汁のシチュー）と訳しました。

44 | 和牛

Tender and juicy meat that melts in your mouth.

▶ *Wagyu*'s word-for-word translation is "Japanese cattle." Only beef from certain cattle that have been born and bred in Japan can use the title *wagyu*. It is a certification system made by the Japanese government. However, various kinds of beef are called *wagyu* throughout the world.

▶ In Japan, most *wagyu* cattle are black. The main characteristic of its beef is the marbled fat. Because of it, *wagyu* meat is very tender and juicy and melts in your mouth.

▶ Perhaps you've heard of Kobe beef? But Tajima, north of Kobe, is the actual place for this *wagyu* brand.

 語句・表現

tender「（食品などが）柔らかい」　　word-for-word translation「直訳」
bred「繁殖された」＊breed の過去分詞。
certification「認証」【サァティフィ**ケ**イシャン】
marbled「霜降りの」
＊marble は大理石の意味で、marbled は大理石模様、転じて霜降りのこと。

Wagyu

 日本語訳で確認

柔らかくジューシーな肉が口の中でとろけます。

▶「和牛」の直訳は Japanese cattle です。日本で生まれ、飼育された一定の品種のみが「和牛」の称号を使うことができます。これは、日本の政府が設定した認証システムです。しかし、世界全体ではさまざまな種類の牛肉が wagyu と呼ばれています。

▶日本の和牛の牛は、ほとんどが黒毛です。このような牛の主な特徴は、脂肪がまばらに散らばっていることです。それによって肉はとても柔らかくジューシーとなり、口の中でとろけます。

▶「神戸牛」を聞いたことがあるのではないでしょうか？　実は、神戸の北にある但馬地方がこのブランド和牛を育てている実際の場所です。

キーワード ＆ ワンポイントアドバイス

　キーワードは marbled fat（まばらに散らばった脂肪）。霜降りのことです。筆者の住んでいた北米では肉の脂肪はあまり望ましいものとされませんが、その点については Because we don't eat a large volume, we don't consume that much fat in the end.（多量を食べないので、最終的にはそれほど多くの脂肪を消費するわけではありません）と言うこともできるでしょう。
　ちなみに、牛の毛は hair と呼びます。

英語で言ってみよう 🎧 45

Japanese noodles.

▶*Soba* is <u>buckwheat</u> noodles and *udon* is white <u>wheat</u> noodles. They are <u>comfort foods</u> for many in Japan. They are enjoyed in a soup made from seaweed and fish stock with toppings. In the summer, they are enjoyed by dipping the cold noodles in sauce.

▶*Soba* is gray and looks a little like spaghetti. *Udon* is thicker than *soba* and is also served as a <u>stir-fry</u>. This is called *yakiudon*. But *yakisoba* is not stir-fried buckwheat noodles, but yellow *ramen* noodles. It's a little complicated, isn't it?

▶In Japan, there are also white noodles called *kishimen*. This looks like <u>fettuccini</u>. *Somen* is white and looks like <u>capellini</u>.

 語句・表現

buckwheat 「そば粉」【バッ k ウィー t】　　wheat 「小麦粉」
comfort food 「ほっとする食べもの」　　stir-fry 「炒め物」【s タァ f ライ】
fettuccini 「フェットチーネ」 ＊きしめんの形をしたパスタ。
capellini 「カッペリーニ」

Buckwheat and White Wheat Noodles

日本のめん類です。

▶そばはそば粉のめんで、うどんは白い小麦粉のめんです。多くの日本人にとってほっとする食べ物です。海藻や魚のだし汁で作ったスープに入れて具をのせて食べます。夏には、冷たいめんをつゆにつけて楽しみます。

▶そばは、スパゲティに少し似た灰色のめんです。うどんは、そばより太いめんです。炒めたうどんは「焼きうどん」と呼ばれますが、「焼きそば」の「そば」はそば粉のそばではなく、黄色いラーメンのめんです。少しややこしいですね。

▶日本にはフェットチーネに似たきしめんという白いめん類もあります。また、そうめんは白くてカッペリーニに似ています。

キーワード＆ワンポイントアドバイス

キーワードは look like spaghetti (fettuccini, capellini)（スパゲティ［フェットチーネ、カッペリーニ］に似ている）。

ヨーロッパはもとより、北米でもパスタが嫌いな人は珍しいものです。北米にはイタリア系移民が多く、特に都市部ではイタリアンフードの口が肥えている人はたくさんいます。それを利用して日本のめん類を本文のように説明してみましょう。

ただし、うどんについては、似た形のパスタがありません。中華料理でも使われる食材ですので、*udon* で通じる場合もあります。

泳ぐ天ぷら

　この本の執筆、取材に協力していただいた、現役の全国通訳案内士の千代間泉さんに、日本を訪問されたゲストとの思い出についてお話しいただきました。

　「英語圏からお越しのゲストを、人気の天ぷら屋さんにお連れしたときのことです。カウンターにて揚げたての天ぷらをご賞味いただいたのですが、その一つは天ぷらの小鮎が泳いでいるような姿で、塩で波が描かれた皿にのっていました。見た目は豪快なゲストでしたが、おずおずと『ちょっと食べられないと思う』とのお言葉。私の野菜の天ぷらと交換することになりました。日本では"尾頭付き"や新鮮さを客に証明するための"姿造り"といった刺身盛りがありますが、フィレ（切り身）にして楽しむ英語圏の方には苦手な人もいるようです。その点、握りずしはもともとの魚の姿がわかりにくいため、人気があるのかもしれません」

　「和食にご案内するとき、ゲストの方の反応が大きいものに、朝食に出てくるちりめんじゃこ（関東では"シラス干し"と呼ばれることが多い。soy sauce-flavored cooked baby sardines）があります。『ちょっと食べてみたけど、小さい魚がいっぱいいた。ご飯にかけるものだったのか』という感想をいただいたりします。芸舞妓ディナーの席に出た"三杯酢のもずく"（sweet vinegar-flavored seaweed）に苦戦した方もいらっしゃいました。頑張って飲み込んだ勇敢な方もおられれば、無理だった方も。ガイドからは『科学的な根拠は知らないけれど、海藻食品は黒髪を保つのによいと言われています』とお話ししています」

　ちりめんじゃこに反応される方は多く、筆者が案内したドイツ人は「この一匹一匹に目が付いている」と怖がりました。そんなときは、It has a lot of calcium.（カルシウムが多いんですよ）と話すようにしています。

関西を楽しもう

Let's go and enjoy Kansai.

あなたは、ドイツからやってきたハイジさんと関西を巡ります。京都では神社仏閣、芸妓さんと舞妓さん、能と狂言、茶道・華道、大阪では文楽や漫才など、関西の文化を説明していきます。

好奇心旺盛なハイジさんからは「関西の言葉は東京と違うの？」「ゲイコさんってエンターテイナー？」「関西人はおもしろいって本当？」と、さまざまな質問が投げかけられます。

京都では懐石料理を出す料亭へ。これが和食の粋であることを説明します。そして大阪では、ハイジさんがもっと気軽な和食を食べてみたいと言うので、お好み焼き店に行きます。ここでは、関西で大人気のお好み焼きとたこ焼きについて、おもしろく話を繰り広げたいところ。

この章では、関西で出合うさまざまな文化をテーマに取り上げます。

英語で言ってみよう　🎧46

An old capital of Japan.

▶Kyoto is an old capital of Japan. The Emperor lived in Kyoto until the 19th (nineteenth) century. Then, he moved to Tokyo.

▶There are two reasons for Kyoto's old culture. Kyoto became the capital in the 8th (eighth) century and was the center of Japanese culture for a very long time. Also, Kyoto was not severely damaged from bombing during the Second World War, so we can still enjoy the many traditional buildings, gardens, and art works.

▶Kyoto is a big city and has many modern buildings too. But if you spend some time there, you will see many beautiful historic sites.

 語句・表現

old capital「古都」
reasons for A「A の理由」＊for を用いる。
severely「ひどく、重大に」【スィヴィアリー】　　bomb「爆撃する」
the Second World War「第二次世界大戦」　　historic「歴史的な」

Kyoto

日本語訳で確認

日本の古都です。

▶京都は日本の古都です。天皇は、19世紀まで京都に住んでいました。その後、東京に移りました。

▶京都に古い文化があるのには、ふたつの理由があります。8世紀に京都は首都となり、とても長い間、日本文化の中心地でした。また、京都は第二次世界大戦中、爆撃による被害があまり重大でなかったので、今でも多くの古い建造物や庭園、芸術作品を楽しむことができるのです。

▶京都は大きな都市であり、近代的な建物もたくさんあります。でも、しばらく時間を過ごすと、多くの美しい歴史的な場所に出合えることでしょう。

キーワード & ワンポイントアドバイス

　キーワードは old capital（古都）。

　I'm from Kyoto.（私は京都出身です）と筆者が英語話者に言うと、Tokyo? と返されたことが80年代、90年代にはよくありました。KYOto and TOkyo（大文字部分を強調）are different cities.（京都と東京は別の都市なんです）と海外生活において嫌というほど言ってきましたが、最近は Kyoto がよく通じるようになりました。

　ちなみに、Kyoto を英語圏の人が発音すると【キヨド】や【カイオド】のように聞こえることがあります。『Oxford Dictionary of English』（第二版修正版）の発音では【キアウトゥ】。

英語で言ってみよう 🎧47

Osaka people are funny and creative.

▶The Osaka Metropolitan Area is the second largest in Japan, with a population of almost 20 (twenty) million. It became the center of politics and economy in the 16th (sixteenth) century. In the 17th (seventeenth) century, Tokyo became the center of politics, but Osaka remained the center of economy until the 19th (nineteenth) century.

▶Osaka is known for having a culture of commerce. For example, one of the traditional greetings in Osaka is, "Are you making good money?"

▶It is said that people in Osaka are funny and creative. Many comedians in Japan come from this area. New business ideas, such as revolving *sushi*, are often born in Osaka too.

覚えて
おきたい **語句・表現**

creative「創造的な」　　politics「政治」　　economy「経済」
remain A「A のままでいる」
A is known for having B「A は B をもつことで知られている」
commerce「商業」　　greeting「あいさつ」
it is said that [sv]「[sv] だと言われている」＊[sv] の部分には主語と動詞をもつ節が入る。
revolving *sushi*「回転ずし」

Osaka

大阪人はおもしろくて創造的です。

▶大阪圏は日本の第2の規模で、その人口は2,000万人近くです。16世紀に、政治と経済の中心地になりました。政治の中心地は17世紀に江戸（東京）へ移りましたが、19世紀まで大阪は経済の中心地であり続けました。

▶大阪は商人文化があることで知られています。たとえば、旧来の大阪式あいさつのひとつに「もうかりまっか？」というものがあります。

▶大阪の人は、おもしろくて創造的だと言われます。日本のお笑い芸人の多くが、この地区出身です。回転ずしのような斬新な商いの発想も、しばしば大阪で生まれています。

> ### キーワード & ワンポイントアドバイス
>
> 　キーワードは culture of commerce（商人文化）。
> 　上級の表現ですが、歴史的に経済の中心地であったことや大阪人の気質をひとことで表せます。
> 　本文の The Osaka Metropolitan Area には、通勤圏である京都、兵庫、奈良も含まれます。大阪府と大阪市の人口については、Osaka Prefecture has a population of 9 million. Osaka City has a population of 2.8 million.（大阪府の人口は900万人、大阪市の人口は280万人です）と言いましょう。

48 方言

英語で言ってみよう 🎧48

The Japanese language has many dialects.

▶There are many dialects in Japan. We can <u>tell</u> <u>where people are from</u> by their dialects. Sometimes <u>it is hard to understand</u> a person with a strong dialect.

▶The two major Japanese dialects you will hear on TV are the Kanto and Kansai dialects. The <u>standard Japanese</u> used in the TV news <u>is based on</u> the Kanto dialect from the Tokyo <u>region</u>. Also, the Emperor speaks standard Japanese.

▶The Kansai dialect is used in areas including Osaka and Kyoto. It is said to be funny and friendly. This dialect is spoken by many comedians.

 語句・表現

dialect「方言」
tell「わかる」 ＊「言う」の意味ももちろんあるが、「わかる（識別する）」という意味でも使う。
where people are from「人がどこ出身かということ」
it is hard to understand A「A を理解するのは難しい」
standard Japanese「日本語の標準語」　A is based on B「A は B に基づく」
region「地域」

Dialects

 日本語訳で確認

日本語には多くの方言があります。

▶日本には多くの方言があります。人々がどこの出身か方言でわかります。なまりが強い人の話は、時々理解できないことがあります。

▶テレビで聞く日本語のふたつの主要方言は、関東と関西の方言です。テレビのニュースで使われる標準語は、東京のある関東の方言に基づいています。天皇も標準語で話します。

▶関西弁は、大阪や京都といった地域で話されています。関西弁はユーモラスでフレンドリーだと言われ、多くの芸人に話されています。

キーワード & ワンポイントアドバイス

　キーワードは many dialects（多くの方言）。

　日本人にとっては、日本語というまとまりの中にさまざまな方言があるという図式ですが、たとえば中国語の広東語と北京語のように、dialect（方言）間で互いにほとんど解さないという言葉もありますので、日本語の方言の構図を本文のように話してみましょう。

　日本語を話さない人には、関東の「〜なの」と関西の「〜やねん」などの語尾の違いが、おもしろく感じられるようです。上級の表現ですが、この点は、Different dialects have different suffixes.（接尾辞 —— 語などの末尾に付ける言葉 —— が違うんです）と説明できます。

英語で言ってみよう　🎧49

There are two different religions.

▶Religious buildings in Japan are mostly of two types: Shinto shrines and Buddhist temples. Both of these religions have coexisted since the sixth century. A typical Japanese person will visit both shrines and temples.

▶In a shrine, the god of the shrine is worshipped. In a temple, the Buddha is worshipped. We go to the shrines to celebrate a beginning, like New Year's Day or a birth. We go to temples to commemorate endings, like New Year's Eve or funerals.

▶Kyoto is home to almost 3,000 (three thousand) shrines and temples. As of 2023 (two thousand twenty three), 17 (seventeen) sites have the UNESCO World Heritage designation in Kyoto. Of these, 16 (sixteen) are religious sites such as Kinkaku-ji and Kiyomizu-dera.

覚えておきたい **語句・表現**

religion「宗教」　religious「宗教の」　Buddhist「仏教の、仏教徒」
coexist「共存する」　typical「典型的な」　worship「拝む」
celebrate「祝う」　commemorate「しのぶ、記念する」　funeral「葬式」
A is home to B「A は B の存在するところだ」
designation「指定」

Shrines and Temples

日本語訳で確認

ふたつの異なる宗教があるんです。

▶日本には、主に2種類の宗教建造物があります。神社と仏教の寺です。6世紀からこのふたつの宗教が共存してきました。典型的な日本人は神社にも寺にも参ります。

▶神社ではその神社の神様を拝みます。寺では仏様を拝みます。神社へは、初詣でやお宮参りなど、はじまりを祝うために行きます。寺には、大みそかや葬式など、終わりをしのぶために行きます。

▶京都には、3,000近くの神社と仏閣があります。2023年時点、京都では17の場所がユネスコ世界遺産に指定されていますが、そのうちの16の場所が金閣寺や清水寺などの宗教的建造物です。

キーワード ＆ ワンポイントアドバイス

　キーワードは coexist（共存する）。
　上級の単語ですが、日本の神道と仏教を説明するときに便利です。特にキリスト教圏やイスラム教圏の人は、sect（宗派）の違いがあることはわかっても、同じ文化圏内に異なる宗教が共存してきたことを不思議に思いがちです。
　Then, are you Shintoist and Buddhist?（では、あなたは神道の信徒であり仏教徒なのですか？）は難しい質問ですが、本文のような理由から、筆者は yes と答えています。あなたならどう答えますか？
　170ページの「神社参拝」と172ページの「寺参拝」も参照。

英語で言ってみよう 🎧50

They are performers of the traditional arts.

▶The *geiko* are traditional female entertainers. They perform classical arts like dance and music in shows and banquets. They are sometimes called *geisha* in English, but the right way to call them is *geiko*.

▶The *geiko* start out as a trainee. In Kyoto, the trainees are called *maiko*. You can tell a *maiko* from a full *geiko* by the length of the sash she wears on her *kimono*. The *maiko* wears a long, hanging sash and a full *geiko* wears a short one. After some years of training, a *maiko* becomes a *geiko*.

▶Most authentic *geiko* are in Kyoto. These *geiko* start training full-time while in their teens. They go to special training schools instead of regular senior high schools.

覚えて
おきたい **語句・表現**

banquet「宴会」　　A start out as B「A は B としてスタートする」
trainee「見習い」
sash「帯」 ＊着物の帯は、Japanese traditional sash、または *kimono* sash。
sash she wears「彼女が巻いている帯」　　authentic「本格的な」
train full-time「フルタイムで訓練を受ける」
while in their teens「10 代で」

Geiko

 日本語訳で確認

伝統芸のパフォーマーです。

▶芸妓は伝統的な女性エンターテイナーです。舞台や宴会で、踊りや音楽といった古典芸能を披露します。英語では時々 geisha と呼ばれますが、適切な呼称は「芸妓」です。

▶芸妓は見習いとして訓練を開始します。京都では見習いは「舞妓」と呼ばれています。舞妓と一人前の芸妓の違いは、着物の上に巻いている帯の長さを見ればわかります。舞妓はだらりの帯を、芸妓は短い帯を巻いているからです。いく年かの訓練を経て舞妓は芸妓になります。

▶本格的な芸妓はほとんど、京都にいます。彼女らは、10代からフルタイムで訓練を始めます。通常の高校の代わりに、特殊な訓練学校に通います。

第4章 関西を楽しもう

キーワード & ワンポイントアドバイス

キーワードは entertainer（エンターテイナー）と performer of the traditional arts（伝統芸のパフォーマー）。

海外では芸妓の仕事についてさまざまな憶測が飛び交ってきましたが、現在の芸妓の仕事を一番よく、簡潔に表す英語の言葉はこれらです。

英語で言ってみよう 🎧 51

It's a ritual with a long history.

▶The Japanese tea ceremony is a ritual of preparing and enjoying tea. In a tea ceremony, the guests go into a tea room and enjoy the tea prepared by their host.

▶This may sound simple, but there are many detailed manners in the serving and drinking of the tea! It takes many years of learning to become a master in the art of tea ceremony. The architecture of the tea room and the display of traditional flower arrangement are also important to the ceremony.

▶The basis of the tea ceremony of today was established in the 16th (sixteenth) century. Today, there are different schools that have different styles.

覚えて おきたい **語句・表現**

ritual「儀式、作法」＊いつも同じ様式で行われる一連の確立した行為を意味する。
host「茶の湯の亭主」　detailed「詳細な」
traditional flower arrangement「華道、生け花」　establish「確立する」
school「流派」＊「学校」の意味だけでなく、芸術や学問で「〜派」と言う場合にも用いられる。

The Tea Ceremony

 日本語訳で確認

長い歴史をもつ作法です。

▶日本の茶道は、お茶を入れていただくための作法です。茶道では客人が茶室へ行き、亭主に出されたお茶をいただきます。

▶これはシンプルなようですが、お茶の出し方と飲み方には細かい作法が多くあるんです！　茶道芸術を修得するには何年もの修業が必要です。茶室の建築や伝統的な生け花も茶道にとって重要です。

▶現在の茶道の基礎は 16 世紀に確立されました。現在、異なる流派がありさまざまな様式をもっています。

第4章　関西を楽しもう

キーワード＆ワンポイントアドバイス

　キーワードは art（芸術）。

　art という言葉を使うことで、日本にはお茶を 1 杯飲むためにも体系化された芸術があることを伝えましょう。

　ちなみに、茶道は茶室という空間に人間が実際に入り、見て、聞いて味わう芸術です。他文化圏の人の興味をさらにそそるように、上級の表現ですが、participative installation art（参加型インスタレーションアート）と呼ぶこともできるかもしれません。「インスタレーション」とは、場所や空間を作品として展示する表現のことです。

52 華道

It's a traditional way of arranging cut flowers.

▶Japan has its own art of cut-flower arrangement. It is called *kado*, meaning "the way of flowers." Currently, there are many *kado* schools that have different styles.

▶At first, *kado* was a Buddhist custom. It became an art form in the 16th (sixteenth) century. Since then, many different schools have been formed. Each school has developed a style of its own.

▶The traditional schools arrange the flowers to represent the elements of sky, human, and earth. These days, however, some schools like to try new forms.

覚えて
おきたい　語句・表現

arrange「生ける」＊いろいろな意味で使われる arrange だが、花を「生ける」にも使う。
arrangement「配置」
kado **schools that have A**「A をもつ華道の諸流派」
custom「習慣、しきたり」
develop「発展させる」
＊産業やコンピューターの「開発」だけでなく、一般的に「発展させる」「育成する」という意味。
style of its own「独自の様式」　　**element**「要素」

Japanese Flower Arrangement

 日本語訳で確認

切り花を生ける伝統的な方法です。

▶日本には切り花をアレンジする独自のアートがあります。それは、「華（花）の道」、つまり「華道」と呼ばれます。現在、さまざまな様式をもつ華道の流派があります。

▶華道は元来、仏教の習慣でした。芸術としての成立は16世紀までさかのぼります。それ以来、多くの流派が形成されました。それぞれの流派が独自の様式を発展させました。

▶昔ながらの流派は「天」「人」「地」という3要素を表現するように花を生けます。しかし、最近では、新しい形に挑戦する流派もあります。

キーワード＆ワンポイントアドバイス

キーワードは arrange と design（生ける）。

本文のように、Each school has developed a style of its own.（各流派が独自に生け方を発展させてきたんです）と伝えてみましょう。

しかし昨今、日本の生け花と西洋の flower arrangement（フラワーアレンジメント）または floral design（フローラルデザイン）は、お互いに影響され、違いが少なくなってきているようです。

英語で言ってみよう 🎧53

It's the traditional ethnic dress.

▶Most Japanese people wear western clothes in everyday life, but on special occasions we also wear a traditional ethnic dress called *kimono*. There are different types of *kimono* for men and women of different ages.

▶You will see people in formal *kimono* at weddings, funerals or at traditional gatherings. These *kimono* are multi-layered, and can take more than one hour to put on. A single-layered *kimono* called *yukata* is easy to put on. This is often worn in the summer. Some *yukata* are used as sleepwear.

▶There are *kimono* rental shops where the staff will also help you put on the *kimono*. How about renting one and taking pictures of yourself in a *kimono*?

覚えて
おきたい **語句・表現**

ethnic dress「民族衣装、着物」
men and women of different ages「さまざまな年齢の男女」
gathering「集会」　　multi-layered「いく重もの」
put on「服を着る」＊put on が着るという動作を表すのに対し、wear は着ている状態を表す。
　I'm putting on my clothes.（服を着ている途中です）、I'm going to wear the blue dress at
　Mike's wedding.（マイクの結婚式でブルーのワンピースを着るの）。
single-layered「一重の」
How about A?「A はいかがですか?」＊A の部分には名詞または動名詞が入る。

Kimono

 日本語訳で確認

伝統的な民族衣装です。

▶ほとんどの日本人は日常生活では洋服を着ていますが、特別な機会には着物と呼ばれる伝統的な民族衣装も着ます。男性、女性、年齢によってさまざまな種類の着物があります。

▶結婚式、葬式や伝統的な集まりではフォーマルな着物姿の人を見かけるでしょう。こういった着物は重ね着するもので、着るのに1時間以上かかることもあります。浴衣と呼ばれる一重の着物は簡単に着ることができます。夏に着ることが多いです。寝巻きにするものもあります。

▶スタッフが着付けも手伝ってくれるレンタルショップもあります。着物を借りて、着物姿のあなたの写真を撮りませんか?

第4章 関西を楽しもう

キーワード & ワンポイントアドバイス

キーワードは ethnic dress (民族衣装)。

ほとんどの場合 kimono で通じますが、知らない人にはこう説明しましょう。

kimono という言葉を知ってはいても、自分が着ることはとても無理だと思っている人は多いもの。フォーマルな着物を着るのは確かに難しいですが、カジュアルな浴衣は簡単であることを本文のように説明します。

贈り物として喜ばれるものですので、*Yukata* are affordable.(浴衣は手ごろな価格なんですよ)と教えてあげるといいでしょう。

能と狂言

The oldest theatrical art in Japan.

▶ *Noh* is Japan's oldest theatrical art. It started in the 14th (fourteenth) century. It has drama, dance and music. It can be called a mask theater because the main actors wear masks in many of the shows. *Kyogen* is a comedy performance. It is performed between *noh* shows for the audience to relax.

▶ *Noh* and *kyogen* actors chant and dance based on classical scripts. In many shows, there are background chanters and drummers.

▶ Many *noh* scripts are masterpieces of classical literature. *Noh* and *kyogen* shows are usually performed on special *noh* stages. Many of these stages are in Tokyo or Kyoto.

 語句・表現

theatrical art「舞台芸術」　　audience「観客」
chant「うたう」
＊日本語の「うたう」には、「歌う」「謡う」「詠う」などさまざまな漢字があてられるが、旋律がお経のように単調なもの、能のように西洋の音楽とかけ離れたものでは、chant を用いる。
script「台本」＊ここでは、能の謡曲を指す。
chanters and drummers「謡と鼓を打つ人々」
masterpieces of classical literature「古典文学の傑作」

Noh and Kyogen

日本語訳で確認

日本最古の舞台芸術です。

▶能は日本最古の舞台芸術です。その起源は14世紀までさかのぼります。演劇、舞、音楽から成っています。多くの演目でシテが面を付けるので、「仮面劇」と呼ぶことができるでしょう。狂言は喜劇です。能の演目の間に観客がリラックスするためのものです。

▶能と狂言の役者は、古典である謡曲に基づいてうたい、そして舞います。多くの演目で、背後でうたい、鼓を打つ人々がいます。

▶謡曲の多くが、古典文学の傑作です。能と狂言は通常、能のために作られた能舞台で演じられます。能楽堂の多くは東京か京都にあります。

キーワード & ワンポイントアドバイス

キーワードは Japan's oldest theatrical art（日本最古の舞台芸術）。

現存する舞台芸術の中で、これだけ古いものは世界でも珍しいことを本文のようにアピールしてみましょう。

日本語では「踊る」と「舞う」を使い分けますが、英語では双方とも dance。

ちなみに、何をもって能楽のはじまりとするかは意見の分かれるところですが、本文では世阿弥が能楽を芸術として大成させた14世紀をスタート時点としました。

55 文楽

It's a classical puppet theater.

▶ *Bunraku* is a traditional puppet theater. The puppets are delicately controlled by puppeteers. On the side, there are chanters and *shamisen* players. The *shamisen* is a stringed instrument that looks like a banjo.

▶ *Bunraku*, like *noh* and *kabuki*, is one of the Japanese theatrical arts with world heritage designation. *Bunraku* became popular around the 17th (seventeenth) century in Osaka and Tokyo.

▶ One of the most famous *bunraku* scripts is the classical title, *The Love Suicides at Sonezaki*. Set in the feudal times of Japan, it is a drama of a man and a woman. Perhaps you can say it is the Japanese version of *Romeo and Juliet*.

覚えて
おきたい   **語句・表現**

puppet「操り人形」   delicately「デリケートに、微妙に」
puppeteer「人形遣い」【パペティアー】   chanter「太夫」
stringed instrument「弦楽器」   A that looks like B「B に似ている A」
banjo「バンジョー」 ＊三味線と形態が似た楽器であるため、イメージしやすい言葉。
one of the most famous A「最も有名な A のひとつ」
love suicide「（恋愛による）心中」   the feudal times「封建時代」

Bunraku

 日本語訳で確認

古典的な人形劇です。

▶ 文楽は伝統的な人形劇です。人形は人形遣いに繊細に操られます。そばには太夫と三味線の奏者がいます。三味線はバンジョーに似た弦楽器です。

▶ 文楽は、能楽、歌舞伎のように、世界遺産に指定された日本の舞台芸術のひとつです。17世紀に大阪と江戸（東京）で人気を博しました。

▶ 『曽根崎心中』は、最も有名な古典文楽作品のひとつです。封建時代の日本の男女のドラマです。日本版の『ロミオとジュリエット』と言えるかもしれません。

キーワード & ワンポイントアドバイス

　キーワードは puppet theater（人形劇）。

　芸術として大成された操り人形劇は世界でも珍しいもの。その貴重さを本文のように説明してみましょう。

　「能と狂言」（132ページ）で使用した英語との類似に注目。詳しく説明するには多くの言葉が必要ですが、簡潔な翻訳では、「謡曲」「浄瑠璃」はともに script、「地謡」「太夫」はともに chanters になります。

　能楽、文楽、歌舞伎はいずれも世界遺産に指定されています。この点は、They are designated as intangible（無形）【インタンジ bl】world heritage.（無形文化遺産に登録されています）と説明します。

56 漫才

It's a comedy performed by a duo.

▶*Manzai* is a <u>stand-up comedy</u> performed by a duo. The duo <u>exchanges comical dialogues</u>. This form of comedy was developed in the Kansai region in the early 20th (twentieth) century.

▶In a typical *manzai* performance, one person <u>plays the role of</u> *boke*, or <u>thickhead</u>, and the other plays the *tsukkomi*, or <u>straight guy</u>. The people from Kansai like to talk in this comical style <u>even in normal conversation</u>.

▶The Yoshimoto Comedy Company <u>founded</u> in Osaka is perhaps the most famous <u>comedy troupe</u> in Japan. They produce Japan's top comedians along with comic theaters, TV programs, and movies.

覚えて
おきたい　**語句・表現**

stand-up comedy「スタンドアップコメディー」
exchange comical dialogues「おもしろいトークのやりとりをする」
A play(s) the role of B「A が B の役をする」
thickhead「ボケ」＊「鈍い人」という意味から、ボケとツッコミの「ボケ」。
straight guy「ツッコミ」＊ straight は「まともな人」の意で、転じて「指摘できる人」でツッコミとなる。
even in normal conversation「通常の会話においてでさえ」
found「創立する」　　**comedy troupe**「喜劇団」

Manzai

ふたりひと組のコメディアンが演じます。

▶漫才は、ふたりひと組のコメディアンが演じるスタンドアップコメディーです。ふたりはコミカルなトークをやりとりします。この形式のコメディーは20世紀前半、関西で発展しました。

▶よくある形態の漫才では、ひとりがボケ役を、もうひとりがツッコミ役をします。関西の人は、普通の会話であっても、このコミカルなスタイルで話すのが好きです。

▶大阪で設立された吉本興業は、おそらく日本で一番有名な喜劇団です。日本のトップコメディアンを育て、喜劇、テレビ番組、映画をプロデュースしています。

第4章 関西を楽しもう

キーワード & ワンポイントアドバイス

　キーワードは stand-up comedy（スタンドアップコメディー＝舞台にコメディアンが立ってトークで笑わせる形式のもの）。

　ちなみに、ユーモアは文化習慣やローカルな時事問題に深く根づいており、他文化圏の人にとって理解が最も難しいもののひとつです。日本への観光客はもとより、日本語のかなり堪能な海外の人とでさえも、新喜劇などを見に行くことはあまりおすすめしません。

　反対に、英語圏のコメディー番組「Saturday Night Live」などの喜劇を原語で見ておもしろいと思うようになったなら、あなたの英語と英語圏の知識はすごい！　ということです。

英語で言ってみよう 🎧 57

Seasonal ingredients are featured.

▶*Kaiseki* is a Japanese multi-course meal. In Kyoto and Osaka, there are many fine *kaiseki* restaurants that are famous throughout Japan and the world. Some have been given Michelin stars.

▶A Kyoto *kaiseki* meal comprises several courses of Japanese delicacies such as *sashimi*, or sliced raw fish, grilled fish, and soup. In *kaiseki* there is no such thing as a main course. Seasonal ingredients are featured. The courses are presented beautifully on fine plates and bowls.

▶*Kaiseki* started in Kyoto as a light meal served before a tea ceremony. The food culture was polished while serving aristocratic families.

覚えて
おきたい 語句・表現

seasonal ingredients「旬の素材」
multi-course meal「コース料理」＊a course で1品を表す。
Michelin「（タイヤ会社、食事の格づけ事業の）ミシュラン」【ミシェリ n】
A comprise(s) B「A は B から成る」
delicacy「珍味」【デラカスィー】＊高級な食品を一般に指す。
there is no such thing as A「A などというものはない」
fine plates and bowls「高級な皿と椀」　while ～ing｜「～しながら」

Kyoto Kaiseki Cuisine

旬の素材が目玉です。

▶懐石は、和式のコース料理です。京都と大阪には、日本全国そして世界的にも有名な高級料亭が数多くあります。ミシュランの星付きの店もあります。

▶京懐石は、薄く切った生魚である刺身、焼物、吸物といった高級和食数品で成ります。懐石にメインディッシュというものはありません。旬の素材を盛り込んでいます。これらの品が、高級な皿や椀に美しく盛られます。

▶懐石の起源は、京都で茶の湯の前に軽食が食されたことに始まります。この食の文化は、貴族に出すものとして洗練されました。

キーワード ＆ ワンポイントアドバイス

　キーワードは multi-course meal（コース料理）。

　武士や貴族に楽しまれたものは「会席」、茶の湯でお茶をいただく前にとる軽食が「懐石」であったと言われます。ローマ字化すると *kaiseki* で同じですが、起源がふたつあることについては、次のように話してみましょう。

Kaiseki has two origins: one is the formal style of food enjoyed by *samurai* and aristocrats, and the other is a light meal served before a tea ceremony.

英語で言ってみよう 🎧58

A favorite dish in Osaka.

▶ *Okonomiyaki* is a Japanese pancake and *Takoyaki* are octopus balls. They are served at street vendors and at restaurants for a reasonable price. They are also popular home-party dishes and can be cooked at home.

▶ The <u>batter</u> for *okonomiyaki* is made from flour, eggs, and stock. We mix <u>minced</u> cabbage and seafood or meat into the batter and fry the <u>mixture</u> on an iron hotplate. At many *okonomiyaki* restaurants, you do the pan-frying yourself on a hotplate <u>attached to</u> the table.

▶ *Takoyaki*'s main <u>ingredient</u> is octopus. Other ingredients are similar to those of *okonomiyaki*, but, unlike the *okonomiyaki*, they are <u>bite-size</u> balls. We often buy a set of several balls from a stand on the streets.

覚えて
おきたい **語句・表現**

batter「生地」
＊料理の生地や液状の揚げ衣など。dough も「生地」だが、パンの生地など、固体に近いものを指す。
minced「刻んだ」　　mixture「ミックスしたもの」
attached to A「A に付いている」
ingredient「ネタ、材料」　　bite-size「ひとくちサイズの」

Japanese Pancake and Octopus Balls

 日本語訳で確認

大阪人の大好きな料理です。

▶お好み焼きは日本のパンケーキ、たこ焼きはオクトパスボールです。屋台で買ったり、リーズナブルな価格で店で食べたりします。また、ホームパーティーで人気の料理でもあり、家で作ることもできます。

▶お好み焼きの生地は、小麦粉、卵、だしでできています。その中に、刻んだキャベツとシーフードや肉を入れて、ミックスしたものを鉄板で焼きます。テーブルに付いた鉄板の上で、客が自分自身で焼くお好み焼き店も多くあります。

▶たこ焼きの主な材料はタコです。ほかの材料はお好み焼きに似ていますが、お好み焼きと違い、たこ焼きは丸くてひとくちサイズです。私たちはよく路上の出店で数個を一度に買います。

キーワード & ワンポイントアドバイス

　キーワードは pancake（パンケーキ）と ball（ボール）。
　他文化圏の人がイメージしやすく、「それならぜひ食べたい」と思わせるような言葉として、これらを使います。
　お好み焼き・たこ焼きソースは、イギリスのウスターソースを元にしているからか、英語圏の人にも比較的喜ばれる食べ物です。海外からの友だちとお好み焼き店に行ったら、日本人が焼いてあげると親切でしょう。
　ちなみに、「かつお節」は fish flakes、「青のり」は dried seaweed seasoning です。

| Column |

関西弁と英語

　関西出身の翻訳者である筆者には、英語をいかに日本語にしようかと考えるときに、関西弁にならバッチリの訳語があるのに、標準語ではどうもしっくりくる言葉がない……と、もどかしいときがあります。

　たとえば、impatient という単語を人物のキャラクターとして使う場合、「いらち」がぴったりです。標準語の「せっかちな」はどうもしっくりきません。また、stuck-up という言葉には「いちびり」がぴったりです。stuck-up のもつ「何様のつもりやねん？」というニュアンスはまさに「いちびり」であり、辞書訳の「すまし屋」とは微妙に違うのです。

　逆に、家族や友人の関西弁を英語圏の人に訳して聞かせるとき、うまく英語にできなくて困ることもあります。たとえば、「ボケ」「ツッコミ」を、本文（136 ページの「漫才」参照）では thickhead、straight guy としました。これ以上の訳はないように思われます。が、それでも果たしてボケとツッコミのおもしろさがこれで本当に表せているのかどうか。

　もちろんこれは関西弁だけの話ではなく、標準語と英語の間にもしばしば起こることであって、それでも半強制的に何らかの訳語を使うのが、ある文化を別の言葉で表現する作業というもの。訳さないことには互いを理解できないまま平行線が続いていくだけなので、どこかに落ち着かせるしかないのです。

　この 100％言い表すことができないもどかしさに慣れるのも、国際交流の一訓練なのかもしれません。

第 **5** 章

日本の年中行事について話そう

I'll tell you about the annual events of Japan.

　あなたは、オーストラリアにホームステイ中。現地はイースター（復活祭）の真っただ中で、ホストファミリーの子どもである小学生のエミリーに、「日本にイースターのようなものはあるの？」と聞かれます。そこで、日本の季節の行事や学校のイベントについて話すことにします。

　正月、節分、花見、七夕、お盆、月見、運動会、それにクリスマス……。あなたは、話し始めてみて、日本には大人も子どもも四季を楽しめるような行事が豊富にあることに気づきます。

　この章では、多彩な日本の年中行事を英語で楽しく話す能力のアップをめざします。

　ところで、筆者は海外在住の駐在員、日本人留学生やワーキングホリデーの人たちを取材させてもらうことがよくあるのですが、彼らは皆口をそろえて、「もっと日本のことを学んでから渡航するべきだった」と話します。海外に飛び出そうとする読者の皆さんにも、この章をはじめ、この本全体がきっとお役に立つと信じています。

英語で言ってみよう 59

We celebrate the New Year with our family.

▶The New Year holidays is a very special time of the year for the Japanese. Like the Christmas holidays of the West, schools and many businesses close, and family members get together.

▶We enjoy special New Year's food on these holidays. The most popular New Year's food is *osechi*, which is a combination of foods beautifully <u>arranged</u> in <u>lacquer boxes</u>.

▶There are also traditional games for the New Year holidays. *Hanetsuki* is a game like badminton played with <u>beautifully decorated</u> <u>paddles</u>. Children also like to fly kites. There is also a custom of giving *otoshidama*. Adults with an income give money in a special envelope to children of <u>relatives</u> or friends.

覚えて
おきたい **語句・表現**

arranged「盛り付けられた、アレンジされた」
＊（食べ物を）盛り付けるのほか、arrange flowers（花を生ける－128ページ、「華道」参照）、
arrange music（編曲する）など、さまざまな意味に使える単語。
lacquer box「漆の箱」＊ここでは重箱のこと。
beautifully decorated「美しく装飾された」
paddle「（ピンポンなどの）ラケット」
＊取っ手のある板状のもの全般を指す。しゃもじも paddle の一種。
relatives「親せき」【レラティvz】

The New Year Holidays

日本語訳で確認

家族で新年のはじまりを祝います。

▶正月休みは、日本人にとって1年のうちでとても特別なときです。西洋のクリスマス休暇のように、学校は休みで、会社やお店も多くが休業し、家族が集まります。

▶この休みには、特別な正月料理を楽しみます。最も一般的な正月料理はおせちで、さまざまな食品が組み合わさり、漆塗りの箱に美しく盛り付けられています。

▷正月休みにはまた、伝統的な遊びもあります。羽根突きはバドミントンのようなゲームで、きれいに装飾されたラケット、羽子板を使います。子どもはたこ揚げも好きです。また、お年玉をあげる習慣もあります。収入のある大人が、親せきや友だちの子どもに対し特別な封筒にお金を包んで渡します。

キーワード＆ワンポイントアドバイス

キーワードは like the Christmas holidays of the West（西洋のクリスマス休暇のような）。

宗教は違いますが、仕事や学校が休みになり家族が集まる冬の休暇であること、特別な料理やお酒で祝うこと、子どもたちがゲームをして楽しむことなどは同じです。

Do you celebrate the Chinese New Year?（旧正月を祝うのですか？）は他文化圏の人によく聞かれることですが、答えは No, most of us only celebrate the Western New Year.（いいえ、日本人のほとんどは西暦の正月を祝います）です。

60 節分

This is the last day of winter in the traditional calendar.

▶February 3rd (third) is *setsubun*, which is also called Bean Throwing Day. This is the last day of winter in the traditional calendar. On this day, we throw roasted soy beans to drive out demons and invite good luck.

▶We also pick up the thrown beans and eat the same number as our own age. Some people go to shrines or temples holding *setsubun* events.

▶Eating a large *sushi* roll is a popular custom for this day. We face a lucky direction and, wishing for good health, bite into the whole roll.

 語句・表現

traditional calendar「旧暦」
..., which is also called A「(…を受けて) それは A とも呼ばれる」
throwing > throw「投げる、まく」　　drive out「追い出す」
invite「引き寄せる」　　thrown「まかれた」
the same number as A「A と同じだけの数」

146

Setsubun

 日本語訳で確認

旧暦の冬の最後の日なんです。

▶ 2月3日は節分であり、豆まきの日とも言われます。旧暦で冬の最後の日にあたります。この日、私たちは炒った大豆をまいて鬼を追い払い、幸運を引き寄せます。

▶ まいた豆は拾い、豆を自分の年と同じ数だけ食べます。また、節分の行事を行う神社や寺へ行く人もいます。

　節分によく行われる習慣として、太巻きを食べることがあります。吉方に向き、健康を祈って丸かじりします。

第5章　日本の年中行事について話そう

キーワード＆ワンポイントアドバイス

　キーワードは traditional calendar（旧暦）。

　145 ページで、Western New Year（西暦の正月）という表現が出てきましたが、節分の説明では、旧暦に基づく行事も日本に残っていることを左ページのように伝えることができます。

　日本の暦については、The Japanese stopped using the traditional calendar and switched to the Western calendar in the 19th century.（日本人は 19 世紀に旧暦の使用を止め、西暦に切り替えました）と説明しましょう。

　February の発音は【フェブュウェリ】のような感じです。

英語で言ってみよう 🎧 61

We wish for health and happiness for girls.

▶The Doll Festival on March 3rd (third) is a special day for girls. A family with young daughters celebrates this day and wishes for their health and <u>growth</u> by setting up a <u>display</u> of special dolls.

▶The dolls are placed on a <u>stepped shelf</u>. They are dressed in beautiful *kimono* of the style worn about 1,000 (one thousand) years ago in the Kyoto court. The <u>Empress and Emperor</u> sit on the top shelf.

▶Doll sets are often <u>passed on</u> <u>from generation to generation</u>. On the day of the Doll Festival, we also celebrate peach blossoms and eat special rice cakes and drink <u>sweet rice wine</u>.

覚えて
おきたい **語句・表現**

growth「成長」　　display「飾り、展示」
stepped shelf「段状の棚」 ＊ここではひな壇。shelf は棚状のもの一般を指す。
Empress and Emperor「だいりびな」
pass on「次の人に伝える、渡す」
from generation to generation「世代から世代へ」
sweet rice wine「甘酒」

Doll Festival

女の子の健康と幸福を願います。

▶ 3月3日のひな祭りは女の子にとって特別な日です。女の子のいる家庭はひな人形を飾ってこの日を祝い、娘の健康と成長を願います。

▶ 人形は段の上に置かれます。1,000年ほど前の京都の宮廷で着られたような美しい着物を着ています。一番上の壇におひなさまとおだいりさまが座っています。

▶ 人形はしばしば、世代から世代へと継がれます。私たちはまた、ひな祭りの日に桃の花も祝い、ひし餅を食べ、甘酒を飲みます。

第5章 日本の年中行事について話そう

キーワード & ワンポイントアドバイス

キーワードは special day for girls（女の子にとって特別な日）。

英語圏には女の子や男の子のためだけの特別な日というものは特にないので、このように話すことで興味を引きましょう。本文で述べた 1,000 years ago in the Kyoto court とは、つまり平安京の宮廷です。

「平安時代（the Heian Period）」と言っても、日本初心者の人はどれぐらい昔なのかピンとこないため、このように説明します。「平安」を Kyoto とするほか、「江戸」も Tokyo と言い換えたほうがわかりやすいでしょう。152 ページの「こどもの日」も参照。

It's a fun spring event.

▶Cherry blossom <u>viewing</u> is one of the important <u>annual</u> <u>events</u> in Japan. From March to April, cherry trees <u>bloom</u> across Japan. We put mats <u>underneath</u> the cherry blossoms in parks to hold outdoor drinking parties. It is a fun spring event.

▶Cherry flowers first start blooming in the southern part of Japan. During the cherry viewing season, the media <u>track</u> "the cherry blossom <u>front</u>" daily to <u>let people know</u> the best places for enjoying the cherry blossoms.

▶<u>At the height of the season</u>, good party spots become very popular. People <u>line up</u> early in the morning to get a good spot.

覚えて
おきたい ▶ **語句・表現**

viewing「見物」　　annual event「年中行事」
bloom「（花が）咲く」　　underneath A「A の下で」
track「追跡する」　　front「前線」
let people know A「A を人々に知らせる」
at the height of the season「シーズンのピーク時」
line up「列をなして並ぶ」

Viewing the Cherry Blossoms

 日本語訳で確認

楽しい春のイベントです。

▶ 花見は日本で重要な年中行事のひとつです。3月から4月にかけて、日本全国で桜の木が花を咲かせます。私たちは公園で、花開いた桜の下にござを敷き、屋外での飲み会を開きます。春の楽しいイベントです。

▶ 桜の花は、日本の南部から咲き始めます。花見のシーズン、メディアは毎日のように「桜前線」を追跡し、桜を一番楽しめる場所を人々に知らせます。

シーズンのピークには、宴会によい場所はとても人気が出ます。絶好のスポット獲得のために早朝から人が並びます。

第5章 日本の年中行事について話そう

キーワード & ワンポイントアドバイス

キーワードは outdoor drinking parties（屋外での飲み会）。

桜がきれいに咲いていることがみんなで集まって宴会をする理由になることは、他文化圏の人にとっては珍しいもの。

また、英語圏文化は日本ほど公の場所での飲酒に対して寛容ではなく、地域によっては屋外飲酒が禁止されているところもありますので、花見の光景は珍しいようです。敬虔なイスラム教徒など、宗教上の理由でお酒を飲まない人もいます。

英語で言ってみよう 🎧63

We wish for our children to grow strong.

▶May 5th (fifth) is Children's Day. It is a <u>national holiday</u>. We wish for the health and happiness of children. This day used to be a day for boys, <u>while</u> March 3rd (third) is a day for girls.

▶Some traditional families with young boys celebrate this holiday with special customs. They display *samurai* dolls inside the home, and fly <u>carp-shaped streamers</u> outside <u>in the hope that</u> their sons will grow up strong.

▶There is also a custom of bathing boys in an <u>iris bath</u>. Moreover, special sweets such as <u>rice cakes wrapped in oak leaves</u> are eaten on this day.

覚えて
おきたい **語句・表現**

grow「成長する」　　national holiday「国民の祝日」
[sv1], while [sv2]「[sv2] である一方、[sv1] である」
＊[sv] の部分には主語と動詞をもつ節が入る。
carp-shaped streamers「こいのぼり」
in the hope that [sv]「[sv] することを願って」　　iris bath「しょうぶ湯」
rice cakes wrapped in oak leaves「かしわの葉に包まれた餅→かしわ餅」

Children's Day

 日本語訳で確認

子どもが元気に成長することを願います。

▶ 5月5日はこどもの日です。この日は国民の祝日です。子どもたちの健康と幸福を願います。3月3日が女の子のための日である一方、この日はかつて男の子のための日でした。

▶ 男の子がいて伝統を大切にする家庭では、この日を特別なならわしで祝います。家の中には武者人形を、外にはこいのぼりを飾り、息子が強く成長することを願います。

男の子をしょうぶ湯に入れる習慣もあります。また、かしわ餅のように、この日のための菓子もあります。

キーワード＆ワンポイントアドバイス

キーワードは This day used to be a day for boys（男の子のための日であった）。

英語圏に男の子のための特別な祭日はありません。

私はこの季節に、他文化圏の友だちと日本を歩いていてこんな会話になったことがありました。「あれは？」「こいのぼり。男の子のいるお家が揚げる伝統だよ」、「なんで？」「成長を願うんじゃない？」、「なんでコイなの？」「……（汗）。かわいいからじゃない？」。これは間違いでした。調べたところ、コイの急流に向かって泳ぐさまが力強いから、ということでした。

148ページの「ひな祭り」も参照。

64 七夕

 英語で言ってみよう 64

It's based on a legend of lovers.

▶For the Star Festival on July 7th (seventh), Japanese people decorate bamboo branches. We write wishes or poems on colorful strips of paper and hang them on the bamboo decoration.

▶The origin of the Star Festival is a Chinese legend. Two stars separated by the Milky Way are compared to lovers separated by a river. They can only meet once a year when the Galaxy prepares a way for them.

▶In the legend, the couple loved each other so much that they stopped working. The angry Heavenly Emperor separated them, but allowed them to meet once a year.

覚えて
おきたい 語句・表現

legend「伝説」 decorate「飾り付ける」＊decoration は名詞で「飾り」の意味。
strip of paper「短冊」 separated「離れている」
the Milky Way「天の川、銀河」＊the Galaxy も同意。
so much that [sv]「（前の文を受けて）あまりにそうなので [sv]」
＊[sv] の部分には主語と動詞をもつ節が入る。
A allow B to [v]「A は B に [v] を許す」＊[v] の部分には動詞の原形が入る。

Star Festival

 日本語訳で確認

恋人たちの伝説に基づいています。

▶ 7月7日の七夕では、日本の人はササに飾り付けをします。色とりどりの短冊に願いごとや詩を書いてササの葉に吊るします。

▶ 七夕の由来は中国の伝説です。天の川をはさんだ離れ離れの星を、川に引き離された恋人に見立てています。そのふたりは、銀河が道を渡すとき、1年に一度だけ出会えます。

伝説では、ふたりはあまりにお互いを愛して仕事をしなくなったため、怒った天帝に引き裂かれ、1年に一度だけ会うことを許された、とされています。

キーワード & ワンポイントアドバイス

キーワードは legend（伝説）。

The festival is based on a Chinese legend.（この祭りは中国の伝説に基づいているんです）、と話しましょう。

Vega（織姫のベガ星）、Altair（彦星のアルタイル星）は、英語圏ではよく知られる星名ではありませんので、「織姫」は a star in the Constellation Lyra（こと座の星）、「彦星」は a star in the Constellation Aquila（わし座の星）と話します。

英語で言ってみよう 65

It is said that the souls of our ancestors return.

▶The Ancestor Remembrance Festival called *bon* is one of the most important annual events for the Japanese family. It's a Buddhist event, and is held over a few days in August.

▶It is said that the souls of the ancestors return to this world during this period. Lanterns are lit in temples and at homes to "guide their way." At the end of the period, these lanterns are placed on a river to help the souls return to the afterworld.

▶This period also often means summer holidays. Many businesses are closed and many people return to their home towns for family reunions. Flights and trains become very crowded.

覚えて
おきたい ▶ 語句・表現

ancestor「先祖」【アンセsタ】
remembrance「慰霊、追悼」【リメンbランs】
＊たとえばカナダの「戦没将兵追悼記念日」は Remembrance Day。remembrance には「慰霊」の意味があることから、お盆を Ancestor Remembrance Festival（先祖の慰霊祭）とした。
one of the most important A「最も重要な A のひとつ」
lantern「灯ろう」【ランタn】 ＊盆を Lantern Festival と訳すこともある。
afterworld「あの世」

Ancestor Remembrance Festival

 日本語訳で確認

先祖の霊が戻ると言われています。

▶「先祖の慰霊祭（お盆）」は、日本の家族にとって最も重要な年中行事のひとつです。仏教の行事であり、8月に2、3日にわたって行われます。

▶ この期間、先祖の霊がこの世に戻ると言われています。霊を道案内するため、寺や家ではちょうちんをともします。盆の終わりには、灯ろうを川に浮かべて魂があの世へ戻る手伝いをします。

▶ この期間はまた、多くの日本人にとっての夏休みです。会社や店の多くは休業するので、家族が集まるため里帰りする人もたくさんいます。そのため電車や飛行機は大変混み合います。

キーワード & ワンポイントアドバイス

　キーワードは souls of our ancestors（先祖の霊）。

　法事や墓参り、灯ろう流しの習慣を説明するには、It is said that the souls of the ancestors return.（先祖の霊が戻るといわれているんです）と話すと、わかりやすいでしょう。ただし、相手が子どもだと怖がって泣くかもしれません。

　京都の五山の送り火は large bonfires lit on five mountains in Kyoto（京都の五山の大がかりなともし火）と言うといいでしょう。

　ちなみに bonfire の bon は、盆とは関係ありません。

66 月見

We enjoy the beautiful full moon of September.

▶In Japan, families and friends hold parties to view the full moon in September. At home, people sit on their deck or by the window to enjoy the beauty of the moon. Special sweets called "moon-viewing <u>dumplings</u>" and <u>crops</u> are <u>offered</u> to the moon.

▶Moon viewing was <u>originally</u> a <u>farmers'</u> event. The farmers <u>prayed for</u> a good <u>harvest</u> at the beginning of the harvest season. In this old event, the moon <u>was thought to be</u> a god.

▶In September, the moon looks <u>crisp</u> because the air is clear. Some shrines and temples hold moon-viewing events. In some of these, people can enjoy the beauty of the moon <u>reflected on</u> a pond.

覚えて
おきたい　**語句・表現**

dumpling「団子」　　crop「農作物」
offer「供える、提供を申し入れる」 ※神様などに「供える」には、offer がよく用いられる。
originally「もとは」　　farmer「農民」
pray for A「A を祈願する」　　harvest「収穫」
A is thought to be B「A は B だと考えられる」
crisp「明瞭な」　　A reflected on B「B に映る A」

158

Viewing the Moon

9月の美しい満月を楽しみます。

▶日本では、9月の満月を観賞するために友人や家族が集まります。家庭ではベランダや窓際に座り、月の美しさを愛でます。「月見団子」と呼ばれる特別な菓子と、農作物を月に供えます。

▶月見はもともと農民の行事でした。収穫期の最初に豊作を祈願したのです。こうした昔の行事では、月は神だと考えられていました。

　9月は空気が澄んでいるため月が明瞭に見えます。神社や寺では月見の行事が催されます。こういった行事の中には、池に映った月を楽しむ趣旨のものもあります。

第5章　日本の年中行事について話そう

キーワード & ワンポイントアドバイス

　キーワードは hold parties to view the full moon（満月を観賞するために集まる）。

　月見に「パーティー」は似合わない感じがしますが、月を観賞するために何人かが集まることから、英語では party となります。

　花見と同様に、自然の美しさを愛でるために集まって party を催す習慣であることを、本文のように伝えます。

　英語圏では、年に一度大きく美しく見える満月を supermoon と言います。

67 運動会

英語で言ってみよう 🎧 67

The purpose is community and team building.

▶Most schools and <u>neighborhood</u> communities hold a sports festival once or twice a year. Some companies hold one too. The purpose is community and team building.

▶People <u>compete</u> in games such as sprint, relay or hurdle races. <u>Tug-of-war</u> between different groups is also common. There are <u>non-competitive</u> performances, too, such as dancing and cheerleading.

▶Western classical music is often used as <u>background music</u> for the sports festivals. For example, pieces from <u>Tchaikovsky</u>'s *The Nutcracker* and Rossini's *William Tell*.

覚えて
おきたい 語句・表現

community and team building「コミュニティーと仲間作り」
neighborhood「近所の、地元の」【ネイバフ d】 　compete「競う」
tug-of-war「綱引き」 　non-competitive「競争的でない」
background music「BGM」
Tchaikovsky「(作曲家の) チャイコフスキー」【チャイコ fs キ】

Sports Festival

コミュニティーと仲間作りが目的です。

▶ほとんどの学校と地元のコミュニティーで、1年に一度か二度、運動会が開催されます。会社が催す場合もあります。コミュニティーと仲間作りが目的です。

▶参加者は、短距離走、リレー、ハードル走などの競技で競います。異なるグループの間での綱引きもよく行われます。ダンスやチアリーディングのように、競技ではない種目もあります。

▶運動会の BGM として、西洋のクラシック音楽がよく用いられます。たとえば、チャイコフスキーの『くるみ割り人形』やロッシーニの『ウィリアム・テル』といった作品などです。

キーワード & ワンポイントアドバイス

　キーワードは community and team building（コミュニティーと仲間作り）。

　北米にも日本の運動会にあたるものはありますが、クラシック音楽が流れ、校庭で生徒たちが走ったり踊ったりしている様子は、英語圏の人には興味深く映るようです。

　筆者の住んでいたカナダのトロントには、地域コミュニティーの運動会というものはありません。会社で運動会が催されることも、非常に珍しいようです。

68 クリスマス

 英語で言ってみよう 68

It's a big event of the party season.

▶Many Japanese celebrate Christmas. Families and friends hold parties with cakes and nice foods. <u>Along with the New Year holidays</u>, it is a big event of the party season. Most Japanese do not go to church for the Christmas <u>mass</u>. Also, Christmas is not a holiday.

▶Parents with small children give them "gifts from Santa Claus." Couples may also give each other gifts. On Christmas Eve, popular restaurants <u>are packed with</u> couples!

▶The <u>non-Christian Japanese</u> started celebrating Christmas from the early 20th (twentieth) century. You could say that this is a "<u>commercialized version</u> of Christmas."

覚えて
おきたい **語句・表現**

along with the New Year holidays「正月休みと合わせて」
mass「ミサ」
A is [are] packed (with B)「A は（B で）いっぱい」
＊This train is packed (with people)！（満員電車だね！）
non-Christian Japanese「キリスト教徒でない日本人」
commercialized version「商業版」

162

Christmas

 日本語訳で確認

パーティーシーズンの一大イベントです。

▶日本人の多くはクリスマスを祝います。家族や友人同士でパーティーをしてケーキやごちそうを食べます。正月休みと合わせて、パーティーシーズンの一大イベントです。日本人のほとんどは教会のミサには出席しません。クリスマスは休日でもありません。

▶小さな子どもには、親が「サンタクロースからのプレゼント」をあげます。また、カップルの間でプレゼントを贈り合うこともあります。クリスマスイブには、人気のあるレストランは恋人たちでいっぱいになります。

　日本でキリスト教信者以外もクリスマスを祝うようになったのは、20世紀前半からです。これは「商業化されたクリスマス」だと言えます。

キーワード & ワンポイントアドバイス

　キーワードは a big event of the party season（パーティーシーズンの一大イベント）。キリスト教徒ではないけれど、パーティーをして祝うということを本文のように伝えます。

　クリスマスカードを送るときの英文には、We wish you a Merry Christmas and a Happy New Year. などがあります。

　相手がキリスト教徒でない場合 Christmas という言葉は避けて、Season's Greetings や Happy Holidays としたほうが無難です。

英製和語

　見出しを見ると四字熟語か漢詩の1行のようですが、和製英語とは逆に、英語圏に輸入されてひとり歩きした言葉、つまり「変な日本語」の一種です。英語圏を旅行中に気づいた読者もいらっしゃるでしょう。

　英語圏で、別の意味で浸透している日本語に、*futon* と呼ばれるソファベッド、「和風の」ぐらいの意味で用いられる *zen* などがあります。

　意味や用法がズレるのは外来語の宿命なので、私は特に異議はありません。お気づきのように、日本の和製英語のほうが数にしておびただしく、ズレ方もはなはだしいのです。

　ただ、日本の代表選手のひとつである *sushi* が、英語圏でしばしば「食用生魚」の意味で用いられているのは問題だと思っています。調理済みのサンドイッチと中身のハムを混同して、ハムを「サンドイッチ」と呼んでいるようなものです。代表選手が誤解されるのは困ります。そもそも、友人と誘い合って出かけるときや注文時に混乱が発生します。読者の皆さんはぜひ、102ページの「すしと刺身」セクションを学習して、誤解を解くのにご協力ください！

　とは言ったものの、実は告白しなければなりません。私はある日、カナダの魚店で、カナダ人のように刺身を *sushi* と呼んでしまいました。刺身の札に *sushi* と書いてあったのではありません。なのについ、「この魚はナマで食べられますか？」と聞きたくて、Is this *sushi*? と聞いてしまったのです。こう言うことで、一番早く意図を伝えられそうだと一瞬で判断した、つまり、めんどうくさかったのです。悪質な英製和語にくみした瞬間でした。

日本のしきたりを説明しよう

Let me explain the customs of Japan.

　あなたは、アメリカ人と結婚をして子どもをもちたいと思っています。しかし、日本とアメリカでは結婚や子育てにまつわるしきたりは、さまざまに異なっています。

　あなたは、アメリカのしきたりを理解しようとする一方で、日本のしきたりをパートナーに説明して納得してもらいたいと思っています。

　どれだけ相手の文化が好きでも、一緒に生活していくにあたり、すべて相手に合わせているとストレスもたまるというものです。「本当はそれだけはゆずりたくなかった」と、後悔しないためにも、互いのしきたりの基本を理解し合っておくことはとても大切です。

　この章には、国際結婚をするカップルの間で話題にのぼりそうな日本のしきたりや制度を、相手によく理解してもらえるように説明するためのテーマを集めました。

🎧69

Many couples get married for love.

▶Many people marry for love today. They first become <u>boyfriend and girlfriend</u>. Then, if <u>things go well</u> for some time, they might <u>get engaged</u> and then get married.

▶In the past, people in Japan often thought marriage was between two families. <u>Maybe this is why</u> <u>arranged marriage</u> was very common. Many couples still ask for their parents' <u>permission</u> before they get married.

▶The average age of the first marriage is around thirty for both men and women. There are also many married <u>couples who met in</u> high school, in university or through a friend. <u>Workplace marriages</u> are also common.

 語句・表現

boyfriend and girlfriend「彼氏と彼女」
＊年齢は関係ない。80歳のおじいさんとおばあさんでもお付き合いしていれば、boyfriend and girlfriend。
things go well「(ものごとが) 順調にいく、うまくいく」　get engaged「婚約する」
maybe this is why [sv]「(前の文を受けて) これが理由で [sv] なのかもしれない」
＊[sv] の部分には主語と動詞をもつ節が入る。
arranged marriage「お見合い結婚」　permission「許可」
couples who met in A「A で会ったカップル」
workplace marriage「職場結婚」

Marriage

日本語訳で確認

恋愛結婚が多いのです。

▶今では恋愛結婚が多くなっています。最初に彼氏と彼女となり、ある程度の期間、関係が順調にいけば婚約、そして結婚します。

▶かつて日本では、結婚はふたつの家族の間でするものだとよく思われていました。おそらくこれが理由で、お見合い結婚がとても一般的でした。今でも、多くのカップルが結婚する前に両親の了解を得ます。

▷平均初婚年齢は、男女ともに30歳前後です。高校や大学で会った相手や友人を介して会った相手と結婚した夫婦もたくさんいます。職場結婚もよくあります。

第6章 日本のしきたりを説明しよう

キーワード & ワンポイントアドバイス

　キーワードは many people marry for love（恋愛結婚が多くなっています）。英語圏でも恋愛結婚が主流ですが、世界にはそうでないところもあります。

　両親の許可を得るという点をここでわざわざ述べたのは、英語圏の多くの人にとって、結婚は決めた後に両親に「報告」するものであって、「許可を得る」ものではないからです。

　love と発音するときの「v」音に注意。上の歯を軽く下唇にのせ「ヴ」と間から息を出します。

英語で言ってみよう

You can choose from many styles.

▶Many Japanese couples get married in a Christian, Shinto, or non-religious style. Christian-style weddings can be held in churches and Shinto-style weddings can be held in shrines. Hotels offer ceremonies in all three styles.

▶Many couples choose to have Christian-style weddings even though they are not Christians. Christian-style weddings appear more attractive than the traditional Shinto-style weddings.

▶A typical wedding has a ceremony and a reception. The bride often changes dresses, so we can see her in a wedding dress, a wedding *kimono* and a cocktail dress. After the wedding, many couples go on their honeymoons.

覚えて
おきたい **語句・表現**

non-religious「無宗教の」＊人前結婚式のこと。
A choose to [v]「A は [v] することを選ぶ」＊[v] の部分には動詞の原形が入る。
A appear B「A は B のように見える」
＊B には形容詞が入る。It appears okay.（大丈夫なようだけど）のように、It's okay. という断定を
避けるために用いられることもある。
attractive「魅力的な」

Weddings

 日本語訳で確認

いろいろな様式から選べます。

▶日本人カップルの多くは、キリスト教、神道、または無宗教などの様式で結婚式を挙げます。キリスト教式は教会で、神道式は神社で行うことができます。ホテルでも3様式のいずれかで式を挙げることができます。

▶キリスト教徒でなくても、キリスト教式を選ぶカップルもよくいます。伝統的な神道式よりも、キリスト教式のほうが魅力的な感じがするのでしょう。

▶典型的な結婚式は、式と披露宴から成ります。花嫁はたびたび途中で着替えますので、出席者は西洋のウェディングドレス、打ちかけ、カクテルドレス姿を見ることができます。結婚式の後、新郎新婦の多くが新婚旅行へ行きます。

第6章 日本のしきたりを説明しよう

キーワード & ワンポイントアドバイス

キーワードは not Christians（キリスト教徒でない）。

キリスト教式の結婚式の多さから、日本にはキリスト教徒が多いと勘違いする海外の人がたまにいます。とは言っても、北米でもふだんは教会に行かない人がしばしばキリスト教式の式を挙げていますので、同じようなものかもしれません。

ちなみに、欧米の結婚式では新婦がバージンロードに入る前に新郎がウェディングドレス姿の新婦を見ることは、bad luck（縁起が悪い）とされています。

英語で言ってみよう 71

We pray for business or academic success.

▶Throughout the year, the Japanese visit shrines for special occasions. Each shrine has its own god or gods. Some gods bring luck to business, and others are for schoolwork or love.

▶Students who want to pass a school entrance exam may visit a shrine with a god for schoolwork. A woman who wants a boyfriend may visit a "love shrine." Many people go to shrines for the New Year's worship.

▶Some shrines also offer wedding ceremonies in the traditional Shinto style.

覚えて
おきたい 語句・表現

academic「学術の」　　throughout the year「年間を通して」
some [(s)v1] ..., and others [v2]「(sは)[v1]するものもあれば、[v2]するものもある」
＊[s] の部分には主語が、[v] の部分には動詞が入る。
students who want to pass A「A に合格したい生徒」
entrance exam「入学試験」　　a woman who wants A「A が欲しい女性」
worship「お参り」

Visiting a Shrine

 日本語訳で確認

商売繁盛や学業成就を祈ります。

▶日本人は年間を通して特別な機会に神社参りをします。神社にはそれぞれの神がいます。商売繁盛の運をもたらす神もいれば、学問や恋愛のための神もいます。

▶入学試験に合格したい学生は、合格祈願に学問の神を祀った神社へ行くかもしれません。彼氏が欲しい女性であれば、縁結びの神社へ行くかもしれません。また、多くの人が神社に初詣でをします。

▷伝統的な神道式の結婚式を執り行う神社もあります。

キーワード ＆ ワンポイントアドバイス

　キーワードは Each shrine has its own god or gods.（神社にはそれぞれの神がいます）。

　キリスト教、ユダヤ教、イスラム教圏の人は、いろいろな神がいることを不思議に思いがちなので、こう話します。

　唯一の絶対神であるこれらの宗教の神は、固有名詞を表す大文字の God ですが、神道の神はそうではないため小文字です（会話では区別できませんが）。Some shrines have animal gods.（動物を祀った神社もあるんですよ）などとも話してみるといいでしょう。god の単語を使うのを避けたければ、deity（神聖化されたもの）【ディーティー】という単語を使うこともできます。

　172 ページの「寺参拝」も参照。

英語で言ってみよう 🎧72

We worship our ancestors.

▶Many Japanese visit Buddhist temples to worship the Buddha. Many also go for special occasions like funerals and <u>services</u> for their ancestors. <u>Graveyards</u> are in the temple grounds, so we also go there to visit the family <u>grave</u>. But, we don't visit regularly <u>on certain days of the week</u>.

▶Japanese families are often <u>followers</u> of <u>some kind of</u> Buddhist temple. The <u>priests</u> from that temple will <u>carry out</u> the ceremonies for all the services.

▶People also go to temples simply for sightseeing. For example, many people visit the old temples in Kyoto and Nara just for their beauty.

覚えて
おきたい **語句・表現**

service「法事」＊ここでは宗教儀式の意味。rituals でもよい。
graveyard「墓地」　grave「墓」
on certain days of the week「1週間のうちの特定の日に」
follower「（宗教の）信徒、檀家」　some kind of「何らかの」
priest「お坊さん」　carry out「行う」

Visiting a Temple

日本語訳で確認

先祖を崇拝します。

▶日本人の多くは、お釈迦様を拝むために寺へ参ります。葬式や先祖供養の法事といった特別な機会に参ることも多くあります。寺には墓地がありますので、家族の墓参りに寺に行くこともあります。でも、1週間の中の特定の曜日に定期的に訪れるわけではありません。

▶日本の世帯の多くが、何らかの寺の檀家となっています。その寺の僧侶が、すべての法事の儀式を執り行います。

▶単に観光が目的で寺を訪れることもあります。たとえば、多くの人は京都や奈良の古い寺を、その美しさのためだけに訪問します。

キーワード ＆ ワンポイントアドバイス

キーワードは services for their ancestors（先祖供養の法事）。葬式、命日、お盆などでの寺の役割は、こう話すことでわかりやすく説明できます。

日本では「家の宗教は浄土宗」などと言われることがあります。キリスト教圏の人などにこれをわかりやすく言うには、My family follows the Pure Land Sect of Buddhism.（家は、仏教の浄土宗の信徒です）となります。

73 絵馬

There are good luck plaques with anime pictures.

▶Visitors to shrines and temples often buy *ema*, or good luck wooden plaques. One side of the *ema* has a drawing. The drawing is often a horse because it is said that gods came to the human world on horses.

▶In the past, live horses were offered to gods during Shinto rituals. Today people write their wishes on the other side of the plaque and hang them at a designated place.

▶At some shrines and temples you can buy and offer *ema* with anime characters. You can write any wish on the plaque, from a personal matter to one for world peace.

 語句・表現

plaque「札」【p ラー k】　　offer「供える、奉納する」
designated「指定された」【デズィ g ネイティ d】　　matter「問題」【マダァ】

Good Luck Plaque

アニメの絵馬もあります。

▶ 神社や寺への参拝者はよく絵馬を購入します。幸運をもたらす木の札のことです。絵馬の片側には絵が描いてあり、これはしばしば馬のものです。かつて神様は馬に乗って人間界にやってきた、と言われるためです。

▶ 昔は、生きている馬が神道の儀式で神に奉納されていました。現在は、絵馬の裏側に願い事を書いて、指定の場所にぶら下げます。

▶ アニメのキャラクターの絵馬を買って奉納することができる神社や寺もあります。個人的な問題から世界平和まで、どんな願い事を書いてもかまいません。

第6章　日本のしきたりを説明しよう

キーワード & ワンポイントアドバイス

　キーワードは You can write any wish on the plaque（札にどんな願い事を書いてもかまいません）。

　How about writing your wishes in your own language and taking a picture?（ご自身の言語で願い事を書いて、写真を撮ってはどうですか？）と話してみてもいいでしょう。

74 おみくじ

It's like a fortune-telling lottery!

▶At shrines and temples, you will see pieces of white paper <u>tied on</u> tree branches. These are *omikuji*, or fortune-telling slips.

▶To <u>draw</u> *omikuji*, you make a small cash gift and shake an *omikuji* box to get a number. Then, you receive a white slip <u>corresponding</u> to that number. This slip tells your fortune. So, you can say that it's like a fortune-telling lottery!

▶Your fortune on the slip can range from <u>great luck</u> to <u>grave misfortune</u>. People with good luck often take the slip home. People with bad luck fold the paper and tie it onto a tree branch, hoping the bad luck will <u>disappear</u>.

覚えて
おきたい　**語句・表現**

tie「結ぶ」　　A tied on B「B に結ばれた A」　　draw「(くじなどを)引く」
corresponding「対応している」【コレ s ポンディン g】
great luck「大吉」
grave misfortune「大凶」
＊grave は「墓」の意味だが、深刻さを強調する形容詞としても使われる。
disappear「消える」

176

Fortune-telling Slip

 日本語訳で確認

運勢の抽選みたいなものです!

▶神社と寺では、木の枝に白い紙が結ばれているのを見かけるでしょう。これはおみくじ、つまり運勢占いの紙です。

▶おみくじでは、少額を払い、箱を振って番号を引きます。そして、その番号に対応する白い紙を受け取ります。この紙に運勢が書いてあるのです。運勢の抽選みたいなものだと言うこともできるでしょう!

▶紙に書いてある運勢は、大吉から大凶まであります。幸運を引き当てた人はよく、その紙をもって帰り、悪運を引いた人は、折りたたんで木の枝に結び、悪運が消滅することを願います。

> ### キーワード & ワンポイントアドバイス
>
> キーワードは from great luck to grave misfortune（大吉から大凶まで）。けっこう「凶」や「大凶」も出るので、木に結ぶことで悪運が消滅するのを願う、というならわしを本文のように楽しく伝えてみましょう。

75 お守り

Good-luck charms for success in business, school, or love.

▶Many shrines and temples sell various good-luck trinkets. *Omamori*, or good-luck charm, is the most popular item for sale. You can buy one for yourself or as a gift for someone you love.

▶There are many *omamori* you can choose from. The most common *omamori* is for health, for academic success or for prosperity in business. There are also ones for travel safety, success in love, and household harmony.

▶Each shrine or temple sell their own specialty *omamori* as well as the common ones. *Omamori* often comes in a small bag made of Japanese woven fabric. Inside the bag, there is a piece of paper or wood which brings the good-luck. These *omamori* are said to bring you good luck for one year.

覚えて
おきたい **語句・表現**

charm「お守り」 ※魔力の意味もある。amulet【アミュレt】という言い方もある。
trinket「小物」【チュリンケt】　academic「学業の」
prosperity「繁盛」　specialty「得意なこと、専門」
woven fabric「織物」

178

Good-luck Charm

商売、学業、縁結びの成功などを願うものです。

▶多くの神社と寺では、幸運のためのさまざまな小物を売っています。その中でも一番人気のあるのがお守りです。自身のためにも、愛する誰かのためにも買うことができます。

▶お守りにはたくさんの種類があります。よくあるものは、無病息災、学業成就、商売繁盛のためのものです。また、交通安全、縁結び、家庭の和のお守りもあります。

▶神社や寺には、一般的なもののほかにそれぞれの得意分野（ご利益）のお守りがあります。お守りは日本の織物でできた小さな袋に入っていて、その中には幸運をもたらす紙か木が一片入っています。お守りは1年間効力があると言われています。

第6章 日本のしきたりを説明しよう

キーワード ＆ ワンポイントアドバイス

キーワードは、少し上級の単語ですが、specialty（得意なこと、専門）。
日本の神社とお寺は「足腰の神様」や「ポックリ寺」など、何らかの「得意分野」があるため、specialty と表現してみました。ちなみに、キリスト教はご利益宗教ではないので、各教会の「得意分野」は通常ありません。

英語で言ってみよう 🎧 76

Pilgrimage visitors collect stamps.

▶ *Goshuincho* in Japanese means a "booklet of red stamps." Many shrines and temples in Japan have their own original red-colored stamps. Visitors collect these stamps as proof of their pilgrimage to that location.

▶ You can buy a *goshuincho* at many shrines and temples. You can show your booklet at a shrine or temple you visit and a priest or volunteer staff will stamp a page for you.

▶ Many people think of their booklet as a souvenir of their sightseeing. You can do that too. There are also serious hiking pilgrimage routes that can take days to complete. Of those, the routes in Shikoku and Kumano are the most famous.

覚えて
おきたい **語句・表現**

pilgrimage「巡礼の旅」【ピ lg リメジ】　　booklet「冊子」
proof「証明、しるし」　souvenir「記念品」【スーヴァネァ】
complete「完了する」

Pilgrimage Booklet

 日本語訳で確認

巡礼のしるしとしてご朱印を集めます。

▶「ご朱印帳」という日本語の文字通りの意味は、「（朱（赤）い印の冊子」です。日本の多くの神社や寺には、それぞれ独自の朱い印章があり、拝観者はこれらの印章を、巡礼のしるしとして集めます。

▶ご朱印帳を売っている神社や寺は数多くあります。それぞれの場所で、僧侶やボランティアスタッフに自身のご朱印帳を見せ、ページに捺印してもらいます。

▶多くの人は、観光の記念品としてご朱印帳を持っています。皆さんもそうしてかまいません。しかし、何日も歩く本格的な巡礼の道もあります。そういった道の中でも、四国と熊野のものが最も有名です。

第6章 日本のしきたりを説明しよう

キーワード＆ワンポイントアドバイス

　キーワードは proof of pilgrimage（巡礼のしるし）。pilgrimage は、ご朱印帳の説明だけでなく、熊野古道や四国のお遍路を説明するときにも使えます。日本語人には発音が困難ですが、よい英語発音トレーニングになるので練習しておきましょう。【ピl ／ g リ ／ メ ジ】と、3 つの音節で発音します。ひとつの音節は一度の息で発音。1 番目の音節には [l] 音が、2 番目の音節には [r] 音が入っています。できれば使い分けに注意しましょう。

英語で言ってみよう 🎧77

It's the Japanese ID system.

▶Japan has the <u>family register</u> and <u>resident card</u> systems for <u>identification</u> of people. The <u>family register system</u> registers people by family units. This register is like the birth, marriage, and divorce <u>certificates</u> of North America. To make a passport, a Japanese person needs a copy of their register.

▶The resident card is a record of <u>where we live</u>. This is used, for example, for <u>voting</u> in an <u>election</u>. A card is made for each person and kept at the local government office.

▶The social security and tax number called "My Number" <u>has the role of</u> putting registered and tax-related information together. The "My Number" card can be used as a health insurance card, too.

覚えて
おきたい 語句・表現

family register「戸籍」　　resident card「住民票」
identification「身分証明」 ＊よく ID と略される。
family register system「戸籍制度」　　certificate「証明書」
where we live「私たちが住んでいるところ」　　voting「投票」
election「選挙」　　A have[has] the role of B「A は B の役割をもっている」

The Family Register and Resident Card and Social Security Number Systems

 日本語訳で確認

日本の身分証明システムです。

▶ 日本には、人物の身分証明をするための戸籍と住民票の制度があります。戸籍制度は、家族単位で人物を登録するものです。この登録簿は北米の出生・結婚・離婚証明書などのようなものです。日本人がパスポートをとるときには戸籍の写しが必要です。

▶ 住民票は住んでいる場所の記録です。たとえば、選挙で投票するときなどに利用されます。住民票は個人単位で、地元の役所に保管されます。

▶ 「マイナンバー」と呼ばれる社会保障・税番号は、登録情報と税金関連情報を統合する役割をもっています。「マイナンバーカード」は、健康保険証としても使えます。

キーワード＆ワンポイントアドバイス

キーワードは birth, marriage, and divorce certificates（出生・結婚・離婚証明書）。

北米には日本の戸籍にあたるものはありません。個人に対して出生、結婚、離婚そのほかの証明書がそれぞれ発行されます。住民票にあたるものもなく、たとえば筆者の住んでいたカナダ、オンタリオ州では、一定の区域に住んでいるという証明は、政府発行の保険証や免許証をもって行われます。

政府に提供する情報は、日本のマイナンバーにあたる、Social Security number（米国用語。カナダでは Social Insurance Number）で統合されます。「マイナンバー」は和製英語で、英語の my number には「私の番号」という意味しかありません。

78 姓名判断

Lucky names based on fortune telling.

▶Some Japanese parents give their children lucky names based on fortune telling. A lucky name will have the right <u>number</u> and combination <u>of character strokes</u>.

▶The "lucky names" are often given by <u>fortune tellers</u>. Some of these fortune tellers work in Shinto shrines. Also, there are <u>books that explain</u> how to give lucky names.

▶Most Japanese family names and given names are written in *kanji*. The characters for the given name are often chosen to match the family name. A lucky name just balances the stroke count – it <u>has nothing to do with</u> sound or family history.

 語句・表現

fortune telling 「占い」
number of (character) strokes / stroke count 「画数」
fortune teller 「占い師」
books that explain A 「A を説明する本」
A have[has] nothing to do with B 「A は B と何の関係もない」
＊I have nothing to do with it. は、「私はそのことには関わりありません」の意味。

184

Giving Lucky Names to Babies

占いで運勢のいい名前を付けます。

▶ 日本人の親には、姓名判断に基づいて子どもに運勢のいい名前を付ける人がいます。運勢のいい名前は、文字の画数と、その組み合わせがよいとされています。

▶ 「運勢のいい名前」はしばしば、姓名鑑定士が提供します。こういった人の中には神社で働いている人もいます。また、運勢のいい命名法を説明する本もあります。

▶ 日本人の姓名のほとんどは、漢字で書かれます。多くの場合、姓の画数に合う字が名前に選ばれます。運勢のいい名前は、音や家の歴史は関係ありませんが、画数のバランスがよいのかもしれません。

キーワード＆ワンポイントアドバイス

キーワードは fortune telling（占い）。

horoscope（星占い）は英語圏でも人気ですが、日本の姓名判断、palm reading（手相占い）、face reading（人相占い）、blood-type reading（血液型占い）のようなものはありません。そもそも、血液型が性格判断の基準として話題にのぼることもありません。

英語圏の人に My blood type is O.（私は O 型です）と言っても、この人はどうしてそんな個人情報をわざわざ私に提供するんだろう、と思われるだけでしょう。

第6章 日本のしきたりを説明しよう

英語で言ってみよう 🎧79

Students must finish grade nine.

▶Japanese children start elementary school at the age of six. Elementary school is from grade one to grade six. Grades seven to nine are junior high school, and grades 10 (ten) to 12 (twelve) are senior high school. Junior and senior high schools are often separate.

▶After high school, there are vocational schools, two-year colleges, four-year universities, and graduate schools.

▶Students must finish grade nine. Most students go to high school, and about 60% (sixty percent) of high school graduates go to two-year colleges or universities. At all levels, there are public and private schools.

覚えて
おきたい **語句・表現**

grade 「学年」
　＊1年生は、1st grade または grade 1。grade 7 (7年生) は中学校1年生、grade 10 (10年生) は高校1年生にあたる。
vocational school 「専門学校」
two-year college 「2年制のカレッジ＝短期大学」
graduate school 「大学院」　　**graduate** 「卒業生」

The Japanese School System

中学校3年生まで義務教育です。

▶日本の子どもは6歳で小学校に入ります。小学校は1年生から6年生までです。中学は1年生から3年生まで、高校も1年生から3年生までです。中学校と高校はたいてい別の学校です。

▶高校を修了すると、専門学校、短期大学、4年制の大学、大学院があります。

▶中学校3年生までは義務教育です。ほとんどの生徒が高校に行き、高校卒業生の約60％が短大または大学に行きます。すべての段階で、公立と私立の学校があります。

第6章
日本のしきたりを説明しよう

キーワード & ワンポイントアドバイス

　キーワードは grade（学年）。
　本文と日本語訳を比較してみると、小学校1〜6年生までは学年の数字が対応していますが、中学校1年生は grade seven、高校3年生は grade 12 となっています。これは、北米では日本のように小・中・高をくっきり分けて考えず、高校を卒業するまで、小学校1年生から通して学年を数えるためです。
　北米の多くの州では、小学校1〜6年が elementary school、中学校1年から高校3年が high school ですが、何年生から何年生までどの学校に所属するのかは地域によってさまざまです。

80 福祉

We are worried about the future of the welfare system.

▶There are various welfare systems in Japan. All Japanese people must have a health insurance plan and a pension plan.

▶People with income in Japan pay a monthly fee to a health insurance plan. Many plans cover 70 (seventy) to 90% (ninety percent) of medical costs. Pension plans also require a monthly fee.

▶The biggest problem for the Japanese welfare system today is the aged society. The eligible age to receive pension and healthcare benefits has been going up.

 語句・表現

A is[are] worried about B「A は B のことが心配だ」
welfare system「福祉制度」　　health insurance plan「健康保険」
pension plan「年金」　　monthly fee「月額料金」
medical cost「医療費」　　aged society「高齢化した社会」

Welfare

 日本語訳で確認

福祉制度の将来が不安です。

▶日本にはさまざまな福祉制度があります。全国民が健康保険と年金に加入しなければなりません。

▶日本で収入のある人は、健康保険に対し月々一定の額を支払います。医療費の 70 〜 90％がカバーされる場合が多くなっています。年金も月々一定額を支払います。

▶日本の福祉制度が今抱える最大の課題は、社会の高齢化です。年金や健康保険制度の恩恵を受ける資格をもてる年齢は、上がり続けています。

第6章 日本のしきたりを説明しよう

キーワード & ワンポイントアドバイス

　キーワードは health insurance plan（健康保険）。

　本文で健康保険に月々の料金があることや、カバーする医療費の割合をわざわざ挙げたのは、海外の人が往々にして関心を示すためです。

　アメリカでは、大枚はたいて民間企業の健康保険に加入しなければならないのに対して、イギリス、カナダ、オーストラリアでは、医療費は基本的に政府が全額負担。それが主要英語圏における一種の対立構造を作っているため、彼らは What is the Japanese healthcare insurance system like?（日本の健康保険制度はどうなっているの？）と、関心を示し、よく質問します。

　「日本は高齢化社会の実験台とも言えます」は、You can say that Japan is a test ground for aged society. です。

英語で言ってみよう 🎧 81

It's a way of showing your appreciation to others.

▶Businesses and people in Japan send gifts to others in July and December. These are traditional annual customs. The gifts can be anything from towels to *sake*. These gifts are given to show appreciation for someone's support.

▶For example, businesses give gifts to their customers, lawyers and accountants. A student of tea ceremony might give a gift to his or her teacher. A married couple may send a gift to relatives.

▶During the summer and winter gift-giving seasons, you will see special sections for these gifts in department stores.

覚えて
おきたい **語句・表現**

appreciation「感謝の気持ち」　　annual custom「例年の習慣」
A can be anything from B to C.「Aは、BからCまで、何であることもできる」
appreciation for someone's support「お世話になっていることへの感謝」
accountant「会計士、計理士」
his or her「その人の」 ＊「彼の、あるいは彼女の」から、この意味。過去には his が her の
　　意味も含むことが多かったが、女性の地位の向上に伴い、his or her とされることが増えた。
relative「親戚」　　gift-giving season「贈り物の季節」

Summer and Winter Gift-giving

 日本語訳で確認

お世話になっている人へ感謝を表します。

▶ 7月と12月、日本では会社や人々が、贈り物を送ります。これは伝統的な例年の習慣です。贈り物はタオルから日本酒まで、何であってもかまいません。これらはお世話になっている人に感謝を表すものです。

▶ たとえば、会社であれば、客や顧問弁護士、会計士に贈り物をします。茶道の弟子は、先生に贈り物をするかもしれません。夫婦であれば、親戚に贈り物をすることがあります。

▶ 夏のお中元と冬のお歳暮のシーズンには、デパートにこれらの贈り物のための特別のセクションが設けられます。

キーワード ＆ ワンポイントアドバイス

　キーワードは annual custom（例年の習慣）。

　英語圏で、時季の決まったフォーマルな贈答の習慣があるとすればクリスマスですが、日本のお中元・お歳暮ほどの規模ではありません。

　日本語の「お世話になる」は、フォーマルな関係において、お付き合いいただいている感謝を表すのに大変便利な表現ですが、英語に直訳することはできません。取引先に対して言う「お世話になっております」は、Thank you for your support. または I appreciate your help. と訳せますが、通常文末に置かれます。日本語のようにメール文などの最初に使われることはありません。

英語で言ってみよう　🎧82

They are important networking tools.

▶The Japanese send <u>greeting cards</u> in the summer and at the beginning of the New Year. The summer card is to wish for health in the hot season. The New Year card is to wish for health and happiness in the New Year.

▶These customs have been important for networking <u>among</u> friends and businesses. The New Year card is especially important, like Christmas cards in the West.

▶Although many people send digital greeting messages these days, there are special summer and New Year greeting postcards that are mailed out. These postcards have numbers for a <u>lucky draw</u>. If you receive one, please check the number on your card to <u>see if</u> you won something!

覚えて
おきたい　語句・表現

greeting card「あいさつ状」 ＊クリスマスカード、年賀状、暑中見舞いの類いがこれにあたる。
among「（3つ以上の）間で」　　**lucky draw**「抽選」
see if [sv]「［sv］かどうか見る」
＊ [sv] の部分には主語と動詞をもつ節が入る。I'll see if I can do it.（できるかどうか検討します）は、
　婉曲に断っている場合もある。

Summary and New Year Greeting Cards

ネットワークの維持に重要です。

▶ 日本では暑中と年始にあいさつ状を送り合います。暑中見舞いは、暑い季節の健康を祈るものです。年賀状は新年の健康と幸福を祈るものです。

▶ 双方とも、友人や仕事関係のネットワークを保つために重要であり続けてきました。特に年賀状は、西洋のクリスマスカードのように大切です。

▶ 最近はデジタルでごあいさつのメッセージを送る人が多いですが、郵送用の特別な暑中見舞いと年賀はがきがあります。これらのはがきには抽選番号がついているのです。受け取ったなら、景品がもらえそうかどうか番号をチェックしましょう！

キーワード & ワンポイントアドバイス

　キーワードは like Christmas cards（クリスマスカードのような）。
　年賀状と同じく、西洋ではクリスマスカードが1年のうちで一番重要なカードです。これからも付き合いたい西洋人にはぜひ、クリスマスカードを送りたいものです。北米には日本を超える規模のカード文化があります。クリスマス（"Merry Christmas"）、誕生日（"Happy Birthday"）、イースター（"Happy Easter"）、バレンタイン（"Happy Valentine's Day"）、記念日（"Happy Anniversary"）、感謝（"Thank you"）……と、覚えておくのも大変なほどあらゆる機会のためのカードが売られています（カッコ内はそれぞれのカードの代表的なあいさつ文）。
　162ページの「クリスマス」も参照。

英語で言ってみよう 🎧83

It's held over two days.

▶Most funerals in Japan are held in the Buddhist style. The ceremony can be at a temple, a <u>funeral home</u>, or at <u>one's</u> home. The <u>Buddhist priest</u> does the service.

▶A typical funeral takes two days. The first day is mainly for the family to spend time with <u>the deceased</u>. A ritual with the Buddhist priest together with the <u>cremation</u> is conducted on the second day. The body is put in a closed <u>coffin</u> and placed on an <u>altar</u>. A picture is displayed. Family members and visitors <u>offer incense</u> to the deceased.

▶<u>As a custom</u>, visitors bring money in special <u>envelopes</u>. <u>In exchange</u>, the family members give the visitors small gifts.

覚えて
おきたい **語句・表現**

funeral home「葬儀場」　one's「人の」＊人一般を指す。
Buddhist priest「仏教の僧侶」
the deceased「故人」＊dead という直接的な言い方を避ける、ていねいな言い方。
cremation「火葬」　coffin「棺おけ」　altar「祭壇」
offer incense「焼香する」＊「香（incense）を供える（offer）」と英訳する。
as a custom「習慣として」　envelope「封筒」
in exchange (for A)「（A と）引き換えに」

Funerals

日本語訳で確認

２日間をかけて行われます。

▶日本では多くの場合、仏教の様式で葬式が行われます。式は、寺、葬儀場または自宅で行われます。儀式は僧侶が行います。

▶典型的な葬式は２日間行われます。最初の１日は主に遺族が故人と時間を過ごすためのものです。仏教の僧侶による儀式と火葬は、二日目に執り行われます。遺体は閉じた棺に納められ、祭壇に置かれます。故人の写真が飾られます。遺族と出席者は焼香します。

慣習として、出席者は現金を特別な封筒に包んで持参します。遺族は、ささやかなお返しをします。

第６章　日本のしきたりを説明しよう

キーワード＆ワンポイントアドバイス

キーワードは the Buddhist style.（仏教の様式）。

外国人が日本の葬式に出席する場合があるように、日本人が外国の葬式に出席することもあるでしょう。

キリスト教の葬式には２日式と１日式の両方があります。ミサが行われるほか、出席者が聖書を朗読し、賛美歌を歌います。キリスト教徒ではないけれど出席する場合、静粛にしていればよく、聖書朗読や賛美歌に参加する必要はありません（結婚式でも同じことです）。

西洋の葬式には通常、香典の習慣はありません。

英語で言ってみよう 🎧84

There are many rituals.

▶Many Japanese pay respect to their ancestors. There are many Buddhist customs for doing this.

▶After a funeral, the body is burned. The ashes are placed in the family grave. More small services are held on the seventh day and the 49th (forty ninth) day after the person's death. Every year, most family members visit the family grave.

▶An altar for the ancestors is kept in the house of the oldest son or daughter. Food and incense are offered every day.

覚えて
おきたい **語句・表現**

A pay respect to B 「A は B に敬意を表す」
burn 「燃やす」 ＊「火葬する」の上級の単語は、cremate。194 ページ、cremation 参照。
ashes 「灰」 ＊「遺骨」の意味で用いられることもある。
grave 「墓」　　altar 「仏壇」

Graves, Home Altars, and Death Anniversaries

 日本語訳で確認

儀式がたくさんあります。

▶多くの日本人が先祖を敬います。これを行うための仏教のしきたりが日本には多くあります。

▶葬式の後、遺体は火葬されます。灰は家族の墓に埋葬されます。さらに、初七日と四十九日に小規模の法事があります。毎年、家族のほとんどが、先祖の墓に参ります。

▶故人の長男や長女の家には、仏壇が置かれます。毎日食べ物を供え、お香をたきます。

キーワード＆ワンポイントアドバイス

　キーワードは many Buddhist customs（数々の仏教のしきたり）。
　キリスト教では死者は土葬されます。命日に法事を行う習慣は日本ほど厳格ではなく、お墓参りもひんぱんには行いません。
　日本人の多くは、日ごろ何げなく仏壇に参ったり、墓参りに行ったりします。それを、とてもエキゾチックな習慣だと感じる海外の人も多く、「日本ではご先祖が神様のようなものなんだな」と思う人もいるようです。
　156ページの「お盆」、172ページの「寺参拝」も参照。

85

Special envelopes are used.

▶Gift-giving plays a big part in Japan. Cash is given on many special <u>occasions</u> and there are some <u>formalities</u> people must <u>follow</u>.

▶Money is used as the gift for occasions <u>such as</u> weddings, a baby's birth, <u>and</u> funerals. When giving cash, it must be inserted in an envelope designed for that occasion. There are <u>set phrases</u> that are written on these envelopes. You cannot write your own personal message freely.

▶The <u>bills</u> given for weddings and baby's birth should not have any <u>creases</u>, but the ones given for funerals must have a <u>folded line</u>.

 語句・表現

occasion「機会」　formality「形式」【フォ**マ**ラティー】　follow「従う」
A such as B, C, and D「B、C、D のような A」＊A、B、C、D はすべて名詞
set phrase「定型の句」　bill「（お金の）お札」
crease「（紙などの）しわ」　folded line「折り目」

Money-giving

特別な封筒を使います。

▶贈答は日本で大きな役割をもっています。多くの特別な機会に現金が贈られ、従うべき形式がいくつかあります。

▶結婚式、出産、葬式などではお金を贈答品として用います。現金を渡すとき、その機会向けにデザインされた封筒に入れなければなりません。これらの封筒には定型句が書かれ、個人のメッセージを自由に書くことはできません。

▶結婚式や出産祝いのお札にはしわがあってはなりませんが、葬式の香典のお札には折り目が入っていることが必要です。

キーワード＆ワンポイントアドバイス

　キーワードは formalities（形式）。
　日本の贈答におけるマナーは世界的に見ても厳格です。それは、敬意を表すためによいことでもありますし、人に神経を使わせたり、プレッシャーを感じさせたりする悪いことでもあるでしょう。日本で生まれ育っていない人にこれらの慣習に従うことを要求すべきではありませんが、こういった細かいルールは日本のことをよく知らない人にとっては大変興味深いことなので、本文のように説明してみましょう。
　144 ページの「正月」、190 ページの「お中元とお歳暮」も参照。

変わる日本、変わる世界

この本の元となる原稿が最初に出版されたのは、2008年です。2014年に一度ある程度の改訂を経ていますが、今回のような大幅改訂をするのは実に15年ぶりです。「歌舞伎」や「茶道」など、伝統的なものは最初に書いた原稿から変更がない一方、変更した項目と文章からは、この15年間に日本が辿った変化の軌跡が見えてきました。

15年前、自販機からはアルコール飲料やタバコが買える、と書きました。しかし、おそらく東京オリンピック前に街のクリーニング（？）があって、これらの嗜好品を買える自販機を見かけなくなったので、その部分を削除しました。また、コロナ禍を経て街からずいぶんと減った「パチンコ」という項目も消去しました。

ジェンダー平等の概念が普及したおかげで変更になった文章もけっこうあります。かつて「女性から男性にチョコを渡す」という習慣だった「バレンタインデー」の項目は削除。現在では、女性から男性に渡すと決まっているわけではないからです。

英語圏でも、ジェンダー平等のために変わったことがあります。今の大学生ぐらいの年齢層は she（彼女）、he（彼）という性別を示す単語の代わりに、they（複数形の「彼ら」ではなく、「あの人」というひとりの人の意味）を使う人が増えているのです。

筆者は、コロナ禍や戦争など最近は暗いことが多いと思っていたのが、この改訂版を執筆して、社会がポジティブに変化していることもたくさんあるんだ、と感動しました。普遍的な価値をもつ日本の伝統文化、そして世界に自慢できる日本のオタク文化。読者の皆さんはぜひ、それらを発信する仲間になってください。

索引

索
引

※1…2つ以上のよくある呼び方がある語は、それぞれの行、または、どちらかの行に収録しています（例：「お正月」と「正月」はそれぞれ＜あ行＞と＜さ行＞に収録。「着物」は「和服」として＜わ行＞に収録）。

※2…文中の語を省略して掲載している場合があります（例：「風呂のいす」→「風呂いす」）。
また、直接文中に記載がなくても関連する語を収録している場合があります（例：「元旦」→ 144 ページ「正月」を参照）。

索引

● 著者紹介
広瀬 直子（ひろせ なおこ）
翻訳者、ライター。同志社大学、同志社女子大学の嘱託講師。
同志社女子大学卒業（英文学科）。トロント大学修士課程修了（翻訳）。
20代の頃、英文の京都・大阪観光情報誌の編集者として経験を積む。
その後、カナダのトロントに四半世紀在住。現地では翻訳会社を経営
し、カナダの公認翻訳者資格も所持している。さらに、トロント大学
の継続学習スクールでは、英日・日英翻訳の講師を務めた。
『1分間英語で京都を案内する』『コミック版 日本のことを1分間英
語で話してみる』（以上、KADOKAWA）ほか、『35歳からの「英語や
り直し」勉強法』（日本実業出版社）、『改訂版 みんなの接客英語』（ア
ルク）など多数の語学書を執筆。

● 英文アドバイザー、取材執筆協力
ケートリン・グリフィス（Caitilin Griffiths）
カナダ生まれ。8〜15歳を関西で過ごした。現在、トロントに在住。
日本の歴史の研究者。トロント大学博士課程（日本史）修了。

● 取材執筆協力
千代間 泉（ちよま いずみ）
全国通訳案内士（英語）として、2006年より京都を中心に活動。同
志社女子大学嘱託講師。同大学博士課程（日本語日本文化）修了。

● 英文監修・校正
坂田 晴彦（さかた はるひこ）、ジョセフ・クローニン（Joseph Cronin）

館外貸出可

カラー改訂第2版 CD付
日本のことを1分間英語で話してみる

2023年6月2日 初版発行

著者／広瀬 直子

発行者／山下 直久

発行／株式会社KADOKAWA
〒102-8177 東京都千代田区富士見2-13-3
電話 0570-002-301(ナビダイヤル)

印刷所／株式会社加藤文明社印刷所

製本所／株式会社加藤文明社印刷所